番禺区产业升级路径研究

Study on the Path of Industrial Upgrading in Panyu District

陆明祥 著

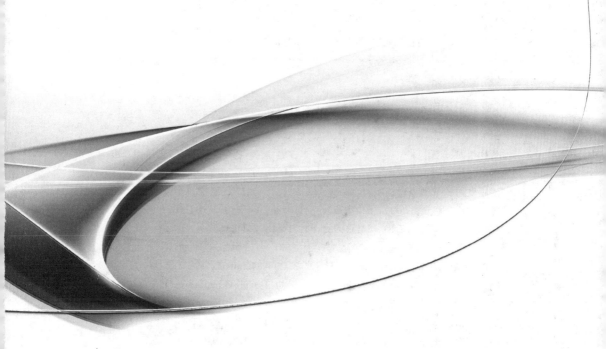

中山大学出版社
·广州·

版权所有　翻印必究

图书在版编目（CIP）数据

番禺区产业升级路径研究／陆明祥著．—广州：中山大学出版社，2017.8

ISBN 978-7-306-06098-3

Ⅰ．①番… Ⅱ．①陆… Ⅲ．①产业结构升级—研究—番禺区 Ⅳ．①F127.514

中国版本图书馆 CIP 数据核字（2017）第 170051 号

PANYUQU CHANYE SHENGJI LUJING YANJIU

出版人：	徐　劲
策划编辑：	金继伟
责任编辑：	林彩云
封面设计：	曾　斌
责任校对：	刘学谦
责任技编：	何雅涛
出版发行：	中山大学出版社
电　　话：	编辑部 020-84110771，84110283，84111997，84110779
	发行部 020-84111998，84111981，84111160
地　　址：	广州市新港西路 135 号
邮　　编：	510275　　传　真：020-84036565
网　　址：	http://www.zsup.com.cn　　E-mail：zdcbs@mail.sysu.edu.cn
印 刷 者：	广州家联印刷有限公司
规　　格：	787mm×1092mm　1/16　9.5 印张　220 千字
版次印次：	2017 年 8 月第 1 版　2017 年 8 月第 1 次印刷
定　　价：	58.00 元

如发现本书因印装质量影响阅读，请与出版社发行部联系调换

前　言

笔者在番禺区软科学课题"番禺区产业升级路径及政策研究"（课题号：2013-Z05-04）的研究成果（1个研究总报告和4个子报告）基础上，进一步深入研究，形成了这部著作。它是广东省一类品牌建设专业（广州番禺职业技术学院金融管理专业）的一项研究成果，使读者对金融管理专业建设的地方产业背景知识有所加深。

本研究认为，产业升级理论主要涉及产业升级方式和产业升级路径这两个方面。对于发达国家，产业升级主要是其全球化企业发展、强化竞争优势的问题，技术优势明显的全球生产企业，通过有效的全球价值链治理，对全球外包企业、代工企业实施技术封锁，将其固化在低端的组装、加工和制造环节。而只能赚取微薄利润和加工费的外包企业、代工企业，根本无法加大力量投资于基础研究、应用技术开发、产业设计等附加值虽高但风险也很高且投资见效慢的这些形成核心技术优势的环节。首先，对于发展中国家，政府、产业和企业都想一起共同努力，实现结构升级，摆脱落后的产业结构；其次，也寄希望于量大面广的加工贸易企业或国内从事一般贸易出口的加工制造企业，能够形成在某些产业的国内价值链和全球价值链的一定优势，实现攀爬式或超越式的产业升级，将作为发展中国家的本国产业推进到国际领先层次，从而跳出发达国家及其全球旗舰企业设置的产业升级陷阱和泥淖。

就产业升级方式看，基本可分为结构升级方式和价值链升级方式。而结构升级方式又可分为要素禀赋结构升级、三次产业比例升级和主导产业升级，价值链升级方式主要分为发达国家全球旗舰企业的价值链升级方式和发展中国家或后进国家的代工或贴牌企业的价值链升级方式。

就产业升级路径而言，对于结构升级路径，主要有要素禀赋结构升级路径（主要指钻石体系升级路径）、三次产业比例结构升级路径（主要指工业化和制造业服务化升级路径）及主导产业升级路径（主要指主导产业选择和更替的升级路径）；对于价值链升级路径，主要有全球价值链中发达国家旗舰企业的升级路径（工艺或流程升级、产品升级、链式升级或跨行业升级）和嵌入全球价值链中的发展中国家代工企业的升级路径（嵌入全球价值链进行功能升级的路径、微笑曲线路径和国内价值链发育成长路径）。

不同国家和地区，会遵循不同的产业升级路径，改造或替代原有产业，推进未来产业成长，建立或强化新的产业竞争优势。美国硅谷、新加坡和中国深圳是本研究选择的三个产业升级的典范。美国硅谷是市场力量推进产业升级的典范，新加坡则是政府主导产业升级的典范，中国深圳介于其间，既有政府引导、促进、支持的推进力量，又有充分发挥市场的活力和创造力。

在广州 11 个区中，番禺是新建区，荔湾（合并了原芳村）、越秀（合并了原东山）、海珠和天河是广州传统的都市核心区，海珠区因处"河南"（珠江南岸），相对于"河北"（珠江北岸）的荔湾、越秀和天河，产业、经济及都市化程度又要稍弱些。所以，我们选择荔湾、越秀、天河作为广州市产业升级的先行区进行分别考察，并希望从中总结一些经验，以资番禺借鉴和学习。

番禺区对于产业升级提出了众多思路，也制定了相应政策，但要真正促成番禺区产业升级的"创新机制、创业机制和创富机制"的形成与落地，必须在既有产业升级路径方面有所进步和突破，要真正努力改进番禺区的产业升级政策，尤其是要重视金融路径、教育路径、集群发展路径和融合发展路径，对于番禺区的产业升级有重要意义。

陆明祥
2017 年 5 月于番禺青山湖畔

目 录

第一章 导论 ·· 1
  第一节 研究简介 ·· 1
    一、番禺区的地理内涵 ···································· 1
    二、问题的提出：研究缘起 ································ 2
    三、研究方法及思路 ······································ 3
  第二节 产业升级研究述评 ···································· 4
    一、产业升级的内涵 ······································ 4
    二、产业升级的路径 ······································ 14
    三、研究述评 ·· 25
  第三节 番禺区产业升级背景 ·································· 27
    一、国际背景 ·· 27
    二、国内背景 ·· 35

第二章 产业升级的典型案例 ···································· 42
  第一节 美国硅谷的产业升级路径 ······························ 42
    一、硅谷产业升级的历史路径 ······························ 45
    二、硅谷产业升级的经验 ·································· 50
  第二节 新加坡的产业升级路径 ································ 52
    一、产业发展与新加坡的经济增长 ·························· 54
    二、新加坡产业升级历程和经验 ···························· 56
  第三节 深圳的产业升级路径 ·································· 59
    一、深圳的产业发展和产业结构 ···························· 60
    二、深圳产业升级路径和经验 ······························ 67

第三章 广州产业升级的先行区 ·································· 73
  第一节 越秀区的产业升级路径 ································ 74
    一、从"十一五"规划到"十三五"规划："一核三带四区"
       ·· 75
    二、越秀区产业的突出特点：金融业和总部经济 ·············· 79
    三、越秀区产业升级路径的思考 ···························· 81

第二节　荔湾区的产业升级路径 ································ 84
一、从"十一五"规划到"十三五"规划:"一核三带八区"
　　 ··· 85
二、荔湾区产业升级的经验 ·· 89
第三节　天河区的产业升级路径 ································ 90
一、天河区产业结构变化 ·· 92
二、天河区产业升级的经验 ·· 95

第四章　番禺区产业升级路径及政策研究 ················ 98
第一节　番禺区产业发展现状 ···································· 99
一、番禺区产业结构及其特点 ·· 99
二、番禺区各镇(街)产业结构及其特点 ······················ 103
三、番禺区产业特色及优势 ·· 108
第二节　番禺区产业升级路径研究 ···························· 118
一、番禺区产业升级的现有路径 ·································· 118
二、番禺区产业升级路径的再思考 ······························ 120
三、番禺区产业升级的金融路径 ·································· 122
四、番禺区产业升级的教育路径 ·································· 131
五、番禺区产业升级的集群发展路径 ·························· 135
六、番禺区产业升级的融合发展路径 ·························· 138
第三节　优化番禺区产业升级路径政策的思考 ········ 140
一、结构升级政策需要转型,走"二三并进、融合发展"
　　的新路 ·· 140
二、项目升级路径,相关政策需要重新审视,不可长期依赖
　　 ··· 141
三、技术升级路径,政策上仍需重视,但要有新思路 ······ 141
四、金融升级路径,作用显著,需大力推动,加快发展 ······ 142
五、教育升级路径,基础好、资源优势明显,关键是要充分
　　利用 ·· 143
六、集群发展升级路径,必须围绕优势产业,做大做强做实
　　 ·· 144
七、融合发展升级路径,重中之重,番禺区融入广州都会
　　中心区的关键 ·· 145

第一章 导论

第一节 研究简介

一、番禺区的地理内涵

番禺区产业升级路径问题研究，首先要确定研究的空间范围，也就是要清楚界定"番禺区"的地理内涵。由于番禺区的行政区划历经调整，才形成目前番禺区的空间结构和地域范围，即6镇10街的空间结构和529.94平方公里的地域范围。我们研究的"番禺区"，主要是在这个意义上进行。

2000年5月，经国务院批准，番禺撤市建区，成为广州市的一个区，即番禺区，下辖16个镇6个街道，是广州市下辖镇街最多的区，辖区土地面积1313.8平方公里，人口密度705人/平方公里（广州市区为1524人/平方公里；越秀区最高，为48576人/平方公里）。

2005年4月，经国务院批准，将原番禺区分设为番禺区和南沙区，将原番禺区的南沙街道和万顷沙镇、横沥镇、黄阁镇、灵山镇部分区域、东涌镇部分区域共527.65平方公里划归南沙区管辖，调整后的新番禺区下辖8镇11街，土地面积786.15平方公里，人口密度1184人/平方公里（广州市区为1606人/平方公里；越秀区仍最高，为34041人/平方公里；南沙区最低，仅207人/平方公里）。

2012年9月，番禺区的东涌镇、大岗镇、榄核镇划归南沙区管辖，再次调整后的番禺区，至2012年底，下辖6镇10街，土地面积529.94平方公里，常住人口密度2713人/平方公里（广州市区常住人口密度为2910人/平方公里；越秀区仍最高，为34009人/平方公里；南沙区为795人/平方公里）。

2014年2月12日，经国务院批准，广州市撤销黄埔区、萝岗区，设立新的黄埔区，以原黄埔区、萝岗区的行政区域为新黄埔区的行政区域；撤销县级从化市，设立从化区，以原从化市的行政区域为从化区的行政区域；撤销县级增城市，设立增城区，以原增城市的行政区域为增城区的行政区域。

因此，目前广州市下辖11个区，市区面积7434.4平方公里。其中，番禺区土地面积为529.94平方公里，低于从化区、增城区、花都区、南沙区，排第五位，处于中间位置；但从经济总量看，至2016年6月底，本地生产总值，番禺区排名第四位，仅次于天河区、黄埔区和越秀区，达793.58亿元人民币。番禺区下辖6镇10街。6镇分别是南村镇、新造镇、化龙镇、石楼镇、石碁镇和沙湾镇，10街分别是市桥街、东环街、桥南街、大龙街、沙头街、钟村街、石壁街、大石街、洛浦街和小谷围街（如图1.1所示）。

图1.1　番禺区行政区划

二、问题的提出：研究缘起

产业发展和产业升级问题相伴相生，首先是产业发展，从无到有是一种产业发展，从少到多也是一种产业发展，从弱到强更是一种产业发展。其次，产业发展的数量规模和质量提升，必然会导致一个国家或一个地区的产业结构和产业质量发生改变，而产业结构和产业质量的变化，往往表现为产业结构升级和产业发展质量的升级。

番禺作为广州市的一个区，经过多年的产业发展，其产业已经形成一定数量规模，也形成了自身的产业结构和产业发展水平，番禺区的产业发展和产业升级，也必然有其自身特色。以番禺区为样本，研究考察一个区级城市的产业升级问题，更容易把握、细究和剖析，从而具体而细微地形成一个研究产业问题的特殊案例。番禺区是这样，依此类推，国内众多城市的众多城区，又会是怎样的呢？如果有更多的区级城市产业升级问题的研究成果出现，就可以形成一个十分丰富的产业升级问题案例资料库，从而可以利用该资料库做更多的研究。

产业升级问题的研究方向可以有很多，我们只选取产业升级路径这个问题进行研究，是为了重点研究和探索番禺区的产业升级实践。迄今为止，番禺区形成的产业升级路径是什么？番禺区未来应重点把握怎样的产业升级路径？站在番禺区的角度来看，番禺今后的产业升级路径应如何进一步优化？这些问题，不仅是一种实践中的困惑，也是一种理论研究上的困惑，番禺区该如何在实践和理论两个层面寻求突破？

这些问题，当然希望通过我们的研究，能够真正得到回答和解决，不仅希望能够研究清楚番禺区的产业发展和产业升级的实践，更希望从番禺区的产业实践，凝练、总结、概括出符合番禺区产业实践的应用性理论。

三、研究方法及思路

由于本研究主要是以番禺区为例，所以本研究所采用的基本研究方法，就是案例研究。将番禺区产业升级问题作为研究中国产业升级问题的一个小案例，希望透过此案例，能够对中国产业升级的实践及理论有一个立足点，并从这一个"点"出发，能够窥探到中国产业升级的某些细节。

对于番禺区产业升级路径的研究，主要遵循如下思路：首先，分析、研究番禺区产业发展和升级的基本背景；其次，对番禺区产业升级的实践进行总结，概括出番禺区产业升级的主要路径；再次，根据番禺区的不同产业升级路径，分别从理论和实践的两个层面展开研究，并提出具体的针对每一种产业升级路径的优化思路和改进策略；最后，再进行总结，并为番禺区提供一揽子产业升级政策优化的建议。

第二节　产业升级研究述评

一、产业升级的内涵

产业升级，一是指结构升级，侧重于从国家或政府或产区角度所思考的产业升级问题，比较宏观；二是指价值链升级，主要立足于企业层面所考虑的产业升级问题，比较微观①。实践中，还有可能是指产业体系的升级，即由传统产业体系向现代产业体系的转型和升级②，或者是指传统产业向上升级（高度化、"软化"、高附加值化、创新化等）③。正如迈克尔·波特所言：任何传统产业只要加上知识和技术，都可以成为一个具有国际竞争力的技术密集型产业。

（一）结构升级

对结构升级也有不同理解，一是要素禀赋结构的创造性升级，二是三次产业结构的构成比重升级，三是经济结构尤其是工业结构或制造业结构的主导产业升级。

吴崇伯（1988）在分析东盟国家产业发展问题时，最早提出产业升级问题，认为产业升级就是"产业结构的升级换代"，是以劳动密集型产业为主的产业结构升级换代为以资本技术密集产业为主或以知识、技术密集产业为主的产业结构④。所以，产业升级主要指的是产业发展所依赖的要素禀赋升级，即由高级生产要素替代低级生产要素来发展某一地或某一国的产业。劳动密集型产业的典型特征是三"低"：技术水平低、知识含量低和附加值低。而知识和技术密集产业（高新技术产业）的典型性特征则是三"高"：技术水平高、知识含量高和附加值高。迈克尔·波特

---

① 参见陈羽、邝国良《"产业升级"的理论内核及研究思路述评》，《改革》2009 年第 10 期。
② 参见深府〔2011〕165 号文《深圳市人民政府关于加快产业转型升级的指导意见》。
③ 参见浙江省调查总队《浙江传统产业的升级问题研究》，浙江统计信息网课题选编，http://www.zj.stats.gov.cn/ztzl/lcpc/jjpc/dec_ 1980/ktxb_ 1982/201408/t20140827_ 143779.html。
④ 参见吴崇伯《论东盟国家的产业升级》，《亚太经济》1988 年第 1 期。

(1990)认为,依靠丰沛、廉价的劳动力和天然资源,或者依靠得天独厚的地理位置优势等初级生产要素的企业和产业,缺少创新、升级的动力及压力,如果企业面对迫在眉睫的资源紧缺问题(如地价高昂、劳工短缺、自然资源稀少等),企业就会创造高级生产要素(需要在人力和资本上大量、持续及长期地投资和培育,如研究所或教育计划、电脑科学家或工程师、现代通信基础设施等),持续不断地创新和升级,从而建立起具有国家或产区竞争优势的知识密集产业。一个国家希望通过生产要素建立起持续和强大的产业竞争力,就必须发展高级生产要素和专业性生产要素(相对于可用于所有产业的一般性生产要素而言,是专业化地应用于某一特定产业的要素),企业、行业协会、个人,而不是政府,共同大力投资,才是催生国家与产业竞争优势的主力[1]。台湾的产业发展经验也验证了这一点。当台湾过去依靠的廉价劳工、土地优势和环保意识薄弱等不复存在,台湾也就走上了强调知识与技术密集的高附加价值产业,新兴科技产业重要性日增,1995年,资讯电子业跃居第一大出口产业[2]。从生产要素角度看产业升级,实际上指的是产业要素禀赋结构的升级,即由初级生产要素密集产业升级为高级生产要素密集产业,或者由一般生产要素密集产业升级为专业性生产要素密集产业。

产业结构升级,除了指产业要素禀赋结构升级外,在内涵上更为普遍的解释是,三次产业结构[3]的升级,也就是第一产业、第二产业、第三产业的增加值比例和就业人口比重所发生的依次变化。一般而言,依据"配第－克拉克定理",随着国民收入的逐年增长,劳动力将依次从第一产业向第二产业、第三产业转移,即从低收入产业向高收入产业转移。这种意义上的产业升级,根据库兹涅茨法则,随着国民收入上升和人均国民收入提高,首先是工业化,也就是第一产业增加值比重持续下降,第二产业增加值比重持续增加,超过或远远超过第一产业增加值比重,形成以第二产业为主的结构;其次是后工业化(经济服务化),第二产业增加值比重持续下降,第三产业增加值比重持续上升,超过或明显超过第二产业增加值

---

[1] 参见迈克尔·波特《国家竞争优势》,华夏出版社2002年中译本(英文版1990年),第72－81页。

[2] 参见刘仁杰《重建台湾产业竞争力》,远流出版公司1997年台湾版,第123－138页。

[3] 三次产业结构一般是指产值结构或就业结构。

比重，形成以第三产业为主的结构①。所以，三次产业结构的产业升级内涵，主要指第一产业为主的三次产业结构向第二产业为主的三次产业结构升级，第二产业为主的三次产业结构向第三产业为主的三次产业结构升级。

产业结构升级除了指要素禀赋结构、三次产业结构的升级外，还指经济发展或经济增长结构的升级，也就是随着经济发展的推进，主导产业会进一步升级。此种观点源于罗斯托的分析。罗斯托1960年出版的《经济增长的阶段：非共产党宣言》，把人类社会的历史发展分为必须依次经过的五个阶段：①传统社会阶段；②起飞准备阶段；③起飞进入自我持续增长的阶段；④成熟阶段；⑤高额群众消费阶段②。在1971年出版的《政治与增长阶段》一书中，他又提出了第六阶段：追求生活质量阶段。对于最重要的经济起飞阶段，罗斯托认为最关键的是要建立起能迅猛增长的主导部门（即经济增长中起主要作用的先导部门）。主导部门形成的条件，首先是其经济地位的举足轻重，其次能积累和拥有大量资金，再就是有技术创新和迅速应用新技术的能力，从而能够通过自身发展带动其他产业发展，进而推进经济增长。经济中的主导部门在一定阶段完成使命后，会让位给新的主导部门，如起飞阶段的轻纺工业部门，成熟阶段的重化工业部门，高额群众消费阶段以汽车为代表的耐用消费品部门，追求生活质量阶段的服务业部门，等等。所以，产业随着经济增长阶段的变化，表现为主导产业部门的更替，产业升级主要是主导产业部门适应经济增长阶段的演变而进行调整（见表1.1）。

表1.1 经济增长阶段和主导产业更替

经济增长阶段	产业化阶段	主导产业	主要需求
起飞准备阶段	前工业化阶段	食品、饮料、烟草、水泥、建材	最基本生存需求："吃"和"住"
起飞阶段	工业化开始阶段	纺织工业	由"吃"转向"穿"

---

① 参见邓伟根《产业经济：结构与组织》，暨南大学出版社1990年版，第116－131页。
② 参见罗斯托《经济增长的阶段：非共产党宣言》，郭熙保、王松茂译，中国社会科学出版社2001年版。

续上表

经济增长阶段	产业化阶段	主导产业	主要需求
成熟阶段	工业化中期阶段	钢铁、电力、通用机械、化工等	耐用消费品需求:"用"
高额群众消费阶段	工业化后期阶段	汽车工业体系	由"吃"和"穿"转向"住"和"行"
追求生活质量阶段	后工业化阶段	信息经济和知识经济	对休闲、旅游、教育等服务需求增加

资料来源：冯飞:《迈向工业大国》，中国发展出版社 2008 年版；转引自王忠宏《增长阶段转换期中国产业升级研究》，《重庆理工大学学报》（社会科学版）2015 年第 1 期，有改动。

概而言之，要素禀赋结构升级的关键是通过长期大量的投资和培育来创造充裕的高级生产要素和专业性生产要素，从而改变产业发展的要素禀赋结构；三次产业结构升级的关键是促进第二产业和第三产业的产值增长和就业增加，从而使得三次产业的产值构成比例或就业构成比例发生根本性变化；主导产业升级的关键是在不同的经济增长阶段，催生、促进相应的主导产业的生成和发展壮大。所以，结构升级突出强调对产业间比例关系进行调整，推进产业间的升级，如劳动密集产业与非劳动密集产业的比例关系，第一产业、第二产业和第三产业之间的比例关系，主导产业与非主导产业之间的比例关系，等等，国家或地方政府在其中发挥着重要的引导和促进作用。

（二）价值链升级

当一个国家或一个地区越来越深地融入全球经济之中，本土企业就会融入全球企业的产业价值链中，并作为其中的一环参与协作和竞争。价值链升级一般是指后发国家或产区的企业通过嵌入全球企业的价值链，实现升级。

迈克尔·波特（1985）最先用价值链概念分析企业竞争优势的来源和所在。企业价值链实际上是一个竞争链，通过企业的价值活动（内部后勤、生产作业、外部后勤、市场和销售、服务五种基本活动及采购、技术开发、人力资源管理和企业基础设施四种辅助活动），在成本和差异化竞争中，为客户创造价值，为企业增加利润。为客户动态地创造价值的基本活动和辅助活动,既互相区别又彼此链接,形成企业内价值链(如图1.2所示)。企业内的设计、研发、采购、生产、营销、配送、服务等活动,链接成一个企业内价值链,企业内价值链与供应商、销售渠道商以及顾客等的价值链又彼此链接,从而构成以本企业为中心的价值链系统(如图1.3所示),进而区别于竞争对手[①]。而产业内企业间的竞争,则是企业内价值链及一系列关联企业价值链(供应商价值链、销售渠道商价值链等)形成的价值链系统与竞争企业价值链系统的竞争,同一产业内的竞争企业,也许产品、工艺、技术、市场等很相似,差别主要在于其价值链和价值链系统。能为企业创造竞争优势的价值活动在形成价值链系统中的所有价值活动中,只有关键的部分活动,而不会是全部,企业将专注于具有竞争优势的部分价值活动。企业的核心价值活动,是企业的核心优势,它能创造并强化企业的成本竞争优势或差异化竞争优势,非核心价值活动则必须外包,交给在这些方面具有竞争优势的外围企业。比如汽车业,一些企业专注于汽车设计,一些企业专注于汽车的技术开发,一些企业专注于汽车零配件,一些企业专注于整车组装,一些企业专注于汽车物流、配送,一些企业专注于汽车市场销售和营销,还有一些企业专注于其他。无所不包、几乎囊括了所有价值活动的企业,在激烈的市场竞争中是难以生存、发展和强大的,只能专注于具有核心竞争优势的价值活动,而将非核心业务及环节外包。

图1.2 波特企业内价值链

---

① 参见迈克尔·波特《竞争优势》,华夏出版社1985年英文版,1997年中译本。

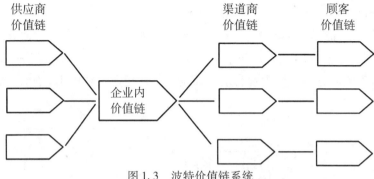

图 1.3 波特价值链系统

对于价值和价值链,弗兰克·罗特尔梅尔(Frank T. Rothaermel, 2008)有所拓展①。在罗特尔梅尔看来,价值链是企业将投入要素转换为产出所涉及的内部活动。企业在价值链上的每一项活动都可以增值,原材料和其他投入最终都转换为提供给客户的产品或服务的组成部分。价值链的理念基本上适用于任何一家企业,从传统制造企业到高科技企业乃至服务型企业②。所以,在罗特尔梅尔眼中,价值链是投入产出过程中,企业从事的每一个价值增值活动构成了企业价值链(如图 1.4 所示)。

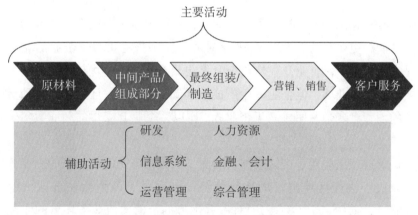

图 1.4 罗特尔梅尔价值链③

---

① 参见 Frank T. Rothaermel. Competitive advantage in technology intensive industries,载于 Gary D. Libecap 等主编的 *Technological Innovation*: *Generating Economic Results*,2008 年版,第 201 – 225 页。

② 参见弗兰克·罗特尔梅尔《战略管理》,中国人民大学出版社 2015 年版(中译本),2013 年版(英文本)。

③ 转引自弗兰克·罗特尔梅尔《战略管理》,中国人民大学出版社 2015 年版(中译本),第 85 页,2013 年版(英文本)。

罗特尔梅尔认为，价值（V）包含三部分：生产成本（C）、边际利润（P－C，即市场价格减去生产成本）和消费者剩余（V－P），企业新增价值为价值（V）减去生产成本（C），即边际利润加上消费者剩余。企业能为消费者创造越多的消费者剩余，其竞争力就越强（如图1.5所示）。

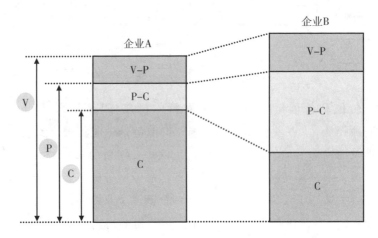

图1.5　生产成本和价值增值在竞争优势中的作用①

与波特强调企业利润略微不同的是，罗特尔梅尔强调企业既要为自己创造利润，更要为客户创造消费者剩余，从而奠定和增强企业的竞争优势。在图1.5中，企业B显然比企业A更具有市场竞争优势，企业B的价格要略高于企业A，但企业B生产成本远低于企业A，且企业B为消费者创造的消费者剩余又明显高于企业A，所以，企业B获得的利润数倍于企业A。

价值链理论应用于产区或国家层面，认为特定产区或国家的企业竞争优势取决于该产区或国家的比较优势，也取决于该企业在全球价值链（Global Value Chain，GVC）中对占有优势的价值增值业务环节的专注和持续强化，这是来自寇伽特（Kogut，1985）的贡献②。企业在全球范围配置资源、重组业务，为客户创造具备全球竞争力的价值，就必须在全球范

---

① 参见 Frank T. Rothaermel. Competitive advantage in technology intensive industries，载于 Gary D. Libecap 等主编的 *Technological Innovation：Generating Economic Results*，2008 年版，第 205 页。

② 参见 Kogut. Designing global strategies：Comparative and competitive value-added chains. *Sloan Management Review*，1985 年，第 26 卷。

围内重新审视企业的价值活动,重新识别、分析和界定企业的核心价值活动与非核心价值活动,发展、强化核心价值活动,调整、分配和外包非核心价值活动,从而形成企业的全球价值链和全球价值链系统。联合国工业发展组织(UNIDO,2002)认为,全球价值链是全球性的产业网络,贯穿从原料采集、运输到半成品、产成品的生产和分销,直至最终消费及回收处理的全过程①。而构成全球价值链的各种活动,既可以由一家企业包揽,也可由多家企业分工合作;既可以群集一地,也可以遍布全球。全球企业在全球价值链中处于支配性的核心地位。格里芬(Gereffi,1994)②、亨德森(Henderson,1998)③ 又将全球价值链区分为生产者驱动价值链和采买者驱动价值链。在生产者驱动的全球价值链中,跨国公司通过全球市场网络来组织商品或服务的销售、外包和海外投资等产业前后向联系,最终形成生产者主导的全球生产网络体系。一般来说,资本和技术密集型产业的价值链,如汽车、飞机制造、计算机、半导体和装备制造等,是较为典型的生产者驱动型价值链。在采买者驱动的全球价值链中,拥有强大品牌优势和国内销售渠道的经济体通过全球采购和贴牌加工(OEM)等生产方式组织成跨国商品流通网络,传统的劳动密集型产业,如服装、鞋类、玩具、自行车、农产品、家具、食品、陶瓷等大多属于这种价值链,发展中国家企业大多参与这种类型的价值链。全球价值链可分为三大环节:一是技术环节,包括研发、创意设计、提高生产加工技术、技术培训等环节;二是生产环节,包括采购、系统生产、终端加工、测试、质量控制、包装和库存管理等分工环节;三是营销环节,包括销售后勤、批发及零售、品牌推广及售后服务等分工环节④。生产者驱动价值链和采买者驱动价值链的比较见表1.2。

---

① United Nations Industrial Development Organization: Competing through innovation and learning—the focus of UNIDO's industrial development 2002/2003 [R]. Vienna, 2002.
② Gereffi, G and Korzeniewicz, M. Commodity chains and global capitalism [M]. London: Praeger, 1994.
③ Henderson, J. Danger and opportunity in the Asia-Pacific [A]. In: Thompson, G (eds). Economic dynamism in the Asia Pacific [C]. London: Routledge, 1998.
④ 参见陈柳钦《有关全球价值链理论的研究综述》,《重庆工商大学学报》(社会科学版) 2009 年第 6 期。

表 1.2　生产者驱动价值链和采买者驱动价值链的比较

项目	生产者驱动全球价值链	采买者驱动全球价值链
动力根源	产业资本	商业资本
核心能力	研究与发展（R&D）、生产能力	设计、市场营销
进入门槛	规模经济	范围经济
产业分类	耐用消费品、中间品、资本品等	非耐用消费品
典型产业部门	汽车、计算机、航空器等	服装、鞋类、玩具等
制造企业的业主	跨国企业，主要位于发达国家	地方企业，主要在发展中国家
产业分类	耐用消费品、中间品、资本品等	非耐用消费品
主要产业联系	以投资为主线	以贸易为主线
主要产业结构	垂直一体化	水平一体化
辅助支撑体系	重硬件，轻软件	重软件，轻硬件
典型案例	英特尔、波音、丰田、海尔、格兰仕等	沃尔玛、国美、耐克、戴尔等

资料来源：转引自陈柳钦《有关全球价值链理论的研究综述》，《重庆工商大学学报》（社会科学版）2009 年第 6 期，略有改动。

在全球价值链中，驱动全球价值链的跨国企业和嵌入跨国企业全球价值链分散在世界各地的企业，彼此既有分工又有合作，跨国企业和嵌入企业，都最大化了自身优势，都守在自己具有竞争力优势的价值链中的某些环节。嵌入企业要挑战跨国企业的分工地位十分困难，从而出现价值链的全球性锁定。无论跨国企业还是嵌入企业，一旦优势不再，全球价值链就会在新的条件下重新调整。

基于全球价值链的分工，不同国家和产区，处于价值链的不同位置，有些处于高附加值的业务环节，而有些处于附加值相对较低的业务环节，从而出现产业内分工的附加值高低之差和利润分配的悬殊。正如下图 1.6 所示，在服装产业，由于全球价值链分工，美国公司主导销售活动、意大利公司主导设计，因而处于全球价值链分工的高端位置，附加值高且利润大。中国大陆公司因处于生产加工的低附加值业务环节，赚取的利润自然微薄。

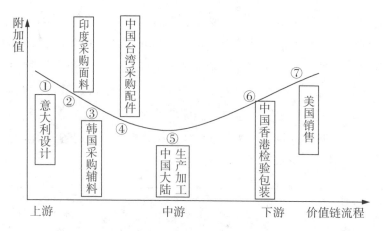

图 1.6　全球价值链分工示例①

在王宝平（2014）的研究中，将全球价值链、产业和空间联系在一起进行研究，从而可以对不同国家、城市和地方的产业发展和升级有进一步认识。在图 1.7 中，有三种全球企业价值链，中间产品生产商、组装代工商和品牌商，前两个是生产者驱动的全球价值链，品牌商则是采买者驱动

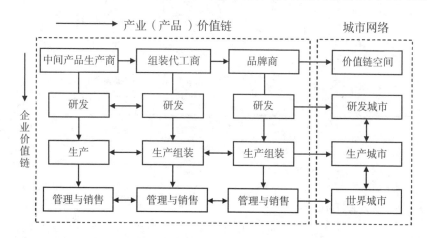

图 1.7　跨国公司主导下的价值链和城市网络②

---

① 转引自陈柳钦《有关全球价值链理论的研究综述》，《重庆工商大学学报》（社会科学版）2009 年第 6 期。

② 转引自王宝平《基于全球价值链的多元城市网络与价值空间分异研究》，华东师范大学博士论文，2014 年，第 46 页。

的全球价值链。图中所列举的主要价值活动就三类：研发、生产加工、管理和销售，而这些价值活动又分别由三类城市完成：研发城市（科技城、知识城或创新城）专注于研究开发和技术创新，生产城市（工业城或制造城市）专注于加工、装配、制造，世界城市（全球总部城市）专注于设计、品牌、管理和营销等。这些不同区域及相关公司、企业，既有空间上的分工，但又通过价值链彼此联系，从而构成产业发展的全球化和当地化的图景（如图1.8所示）。

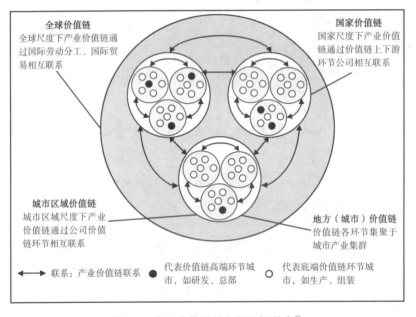

图1.8 产业价值链的空间组织形式①

二、产业升级的路径

产业升级，无论是结构升级还是价值链升级，理论上是可以遵循一定路径实现的；不过，实践中似乎有更为丰富的产业升级路径。

就理论而言，产业升级如何实现，学者们已经有相对成熟的研究。

---

① 转引自王宝平《基于全球价值链的多元城市网络与价值空间分异研究》，华东师范大学博士论文，2014年，第47页。

(一)要素禀赋结构升级路径:波特的"钻石模型"

企业生产经营过程中需要投入的生产要素(劳动力、资本、知识、技术、企业家才能、土地等自然资源),依据密集使用某类生产要素的程度,区分为不同产业类型:劳动密集型产业、资本密集型产业和知识(技术)密集型产业。不过,在波特考虑企业竞争优势与生产要素之间的关联时,进一步对产业进行了区分:初级生产要素和高级生产要素,一般生产要素(通用生产要素)和专业性生产要素(专门化的特定生产要素)。因而,要素禀赋升级,一是指劳动密集型产业升级为资本密集型产业,资本密集型产业升级为知识(技术)密集型产业,强调产业发展基础,从利用劳动力密集优势,转向利用资本密集优势,再转向利用知识(技术)密集优势。这种分析,既可以用于分析一个国家,也可用于分析一个地区,甚至一个产区。二是指初级生产要素向高级生产要素升级;或者一般生产要素向专业性生产要素升级,高级要素和专业要素,不仅意味着生产要素的知识化、技术化,还意味着生产要素的专门化、独特性及不可复制性。这种分析,中心点是企业,结合企业所处的环境(竞争对手、市场需求、政府、各种机会等),共同探讨企业通过要素升级,提升企业的竞争力,创造企业的竞争优势。生产要素的知识化、技术化和专门化,自然成为要素禀赋结构升级的主要路径。生产要素如何实现知识化、技术化和专门化,迈克尔·波特提供了一个分析方法,也就是"钻石模型"(如图1.9所示)。

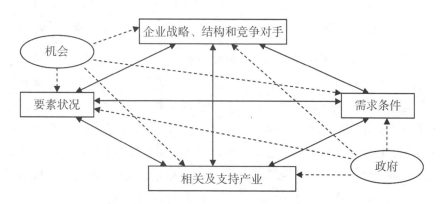

图1.9 波特的"钻石模型"分析框架

在迈克尔·波特看来，要素禀赋的升级只是企业竞争优势形成、扩展的其中一个因素，还必须结合其他因素，如企业战略、结构和竞争对手、需求条件、相关及支持产业、政府、机会等。这些因素的共同作用，使得要素禀赋的升级能够真正增强企业的竞争力和竞争优势，从而"钻石体系"或"钻石模型"也就构建了要素禀赋的升级机制。也就是说，要素升级必须伴随着需求条件、竞争环境、相关及支持产业、政府服务等的升级，通过彼此间的互动、链接、促进，共同推动企业竞争优势得以形成并向前发展。

李佐军（2015）对于要素升级提出了基于要素本身的分析。要素的数量固然重要，但要素升级更主要的是强调要素的"质地"，量的增减和质的提升两个方面，对于产业升级的意义而言，要素的"质地"更重要。如何提升要素的"质地"，李佐军列举如下：一是技术进步，二是提高人的素质，三是改良土地，四是提高资金配置效率，五是升级基础设施[①]。李佐军的分析，主要强调要素升级是创新驱动经济增长模式得以成型的前提，也是跨越"中等收入陷阱"的必由之路。

从要素禀赋升级的机制和路径看，波特的"钻石模型"或"钻石体系"，更易于指导要素禀赋升级的实践。要素禀赋升级主要就是各类生产要素的知识化、技术化和专门化，但要创造竞争优势，还必须有需求条件、竞争环境、相关及支持产业、政府服务、机会把握能力等的升级，而要素禀赋升级的落脚点和实施者主要是一家家企业自身，政府主要就是服务、营造环境和提供辅助及支持等。

（二）三次产业结构比例升级路径：工业化和制造业服务化

农业国转型为工业国，农业县成长为工业县，工业或第二产业取代农业成为一个国家或一个地区的主要产业，第二产业增加值和第二产业从业人数超过第一产业（农业为主）的增加值和从业人数，逐步在国内生产总值中占据主导和支配地位，这个变化过程就是工业化。配第、克拉克、库兹涅兹、霍夫曼、钱纳里等进行的依据经验数据开展的研究都证实，工业化国家都曾经历的三次产业结构的第一次升级，就是工业取代农业成为最

---

① 参见李佐军《欲跨中等收入陷阱必推要素升级》，《中国高新技术产业导报》2015年4月20日，第A3版。

主要的产业。在工业化过程中，收入、就业的快速增长主要出现在工业，农业贡献的收入份额和就业份额都远低于工业的贡献。不仅如此，工业化还意味着生产技术和组织方式的改变与进步。就生产技术而言，是用机器生产代替手工生产、用蒸汽动力和电力动力等代替人力及畜力；就组织方式而言，是用分工协作的工厂制或公司制代替一家一户的缺少分工协作的以手工作坊为基本形态的工匠制。"工业化是指一个国家的经济从以手工生产的农牧业为主要经济部门，发展到以机器生产的工业为主要部门的转变过程"[①]。张培刚（2008）详解了关于工业化的概念，认为工业化是基要生产函数连续发生变化的过程，这个过程包括各种企业的机械化、建起新的工业、开发发掘出新的市场以及开辟一个崭新的领域等，从而带来的全新变化[②]。

因此，结构升级的工业化路径，主要包含三个方面的内容：一是工业或第二产业在三次产业结构中，收入份额和就业份额的快速增长，并成为所占比例最高的产业；二是机器生产代替传统的手工生产；三是分工协作的公司制度代替家庭作坊和分散作业的农户。总而言之，不仅工业品的生产，而且很多其他产品的生产（如农产品、畜产品甚至一些生产性的服务产品，如运输、金融、保险、法律事务等）都工业化了，即更多使用机器和采用公司制度。所以，工业化一般被称为一场工业革命，工业成为最主要部门，机器生产成为最主要生产方法，公司制成为组织资源进行生产的最主要制度，农业国转变为工业国。

工业化升级路径，不仅在农业国转型为工业国过程中发挥重要作用，即使在今天仍具有重要意义。德国的"工业4.0"、美国的"工业互联网"和中国的"中国制造2025"，是在工业的收入份额和就业份额已经让位于服务业，机器生产也逐渐让位于智能制造的情况下产生的新型工业化发展路径。在这一轮新型工业化发展热潮中，农业、工业、服务业都迎来了脱胎换骨的新技术，农业互联网、工业互联网和服务业互联网，成为机器生产技术之后新一代革新性技术，将以机器为主的生产、服务方式，推进为以智能为主的生产、服务方式。

工业社会转型为后工业社会，工业经济转型为服务经济，是在工业化

---

① 参见蒋学模《影响中国现代化的几种工业化理论》，《当代经济研究》1996年第4期。
② 参见张培刚《工业化的理论》，《社会科学战线》2008年第7期。

发展到一定阶段必然发生的现象，这也就是一个国家或一个城市或一个地区的经济服务化，因而，服务化也就成为结构进一步升级的重要路径。按照配第－克拉克定理，他们不仅认为随着工业化的发展，农业产业人口减少，制造业产业人口增加，而且认为随着经济的进一步发展，更多人会转向商业、服务业就业。服务业兴起，超过制造业、农业成为经济主要部门，曾长期遭到西方理论的忽视。经济服务化引起重视，更多是因为在欧美发达国家经济发展过程中，都先后出现了第三产业产值比重和就业比重纷纷超过第二产业比重的普遍现象。不过，工业化引起的生产技术和生产组织方式的变革是革命性的，农业社会转型为工业社会也是颠覆性的，但工业社会转型为后工业社会，工业经济为主转型为服务经济为主，后工业社会的许多变化却很难用经济服务化去解释，信息化、互联网化似乎更能解释后工业社会出现的迥异于工业社会的革命性变化。人为追求服务业的产值比重和就业比重增加，以实现产业结构转变，也必然打一个问号，因为这种比重增加和结构变化，并不意味着是产业的升级。赵儒煜（2013）基于长时段的典型国家经验数据分析说明，第一产业会出现长期下降，但第二产业、第三产业的比例不是依次升降，而是经常有反复，并且经济增长总是伴随着第二产业的兴衰而起落，工业化是经济增长的主动力，第三产业很难成为经济增长的引擎[①]。

服务化水平提高引起产业升级，不是在经济服务化方面，而是出现在制造业服务化方面，强调现代生产服务业发展，才能真正提升产业，实现产业升级。

1976 年，莱维特（Levitt）在《哈佛商业评论》发表的《服务的工业化》一文，认为美国制造企业的服务化，增强了美国的产业竞争力和优势。制造企业服务化主要是指制造企业从只提供给客户有形产品向为客户提供完整的"产品—服务包"转变，制造企业因此从单纯的产品提供者转变为"产品—服务包"的提供者，在这个过程中，制造企业由低附加值的制造环节向高附加值的研发服务、设计服务、物流配送服务、营销服务、品牌服务等高附加值的生产服务环节转型[②]。

---

① 参见赵儒煜《"后工业化"理论与经济增长：基于产业结构视角的分析》，《社会科学战线》2013 年第 4 期。

② 参见高文军、陈静、陈菊红《制造企业服务化：驱动力、模式、路径和绩效研究综述》，《未来与发展》2016 年第 6 期。

所以，三次产业结构比例的升级路径主要有二：一是工业化路径，又区分为传统工业化路径和新型工业化路径，传统工业化路径强调机器生产代替手工生产、分工协作的公司生产代替全能工匠的手工作坊，新型工业化路径则强调智能制造（工业互联网）代替传统的非智能机器制造；二是制造业服务化路径，制造企业成为"制造+服务"的企业。

（三）主导产业升级路径：主导产业选择和更替

在罗斯托对于社会发展阶段的分析中，主导产业更替对于社会进步起着关键的作用。主导产业是一个国家或一个地区的引领产业发展方向、驱动并决定未来经济增长的战略性产业，它能够带动一批关联配套产业发展，能够带动和促进行业的技术进步，能适应资源和环保的新要求，能建立起在地区或全球产业竞争中的新优势。

主导产业的选择基准，各有侧重。赫希曼就认为，主导产业应选择前向关联大或后向关联大的产业，即"赫希曼基准"。罗斯托也强调关联效应在主导产业选择时的重要意义。他认为，关联效应在前后向关联效应之外，还强调旁侧效应，也就是它对周边产业的关联效应，这就是"罗斯托基准"。筱原三代平则认为，主导产业应重点选择与国民收入增长相适应的收入需求弹性大的产业和有利于生产率提高即技术进步明显的部门，也就是"筱原基准"。在此基础上，国内学者对此进一步阐发，认为其他因素对于主导产业的选择同样重要，如比较优势、动态比较优势、国际竞争优势、增长后劲、可持续发展、生产要素的相对集约、吸收就业能力、创新等。回到罗斯托，实际上，主导产业强调在经济起飞和跨越式增长阶段，集中投资某一产业，形成规模，并通过这一产业的发展，带动、推动一国或一地经济出现强劲增长，突破原有发展瓶颈，一举实现飞跃式的增长，完成经济起飞或经济的跨越式增长。在一国或一地已经完成经济起飞的情况下，如何再获突破，实际上已经超出罗斯托原先考虑的范围。起飞阶段投资于产业关联度大的产业；进一步发展、跨越阶段，则还要考虑更多因素，如创新、可持续发展、国际竞争优势等。厦门大学叶安宁（2007）在其博士论文《主导产业选择基准研究》一文中，曾经用表格进行归纳，见表1.3。

表1.3 国内学者主导产业选择基准研究概要

基准	学者	代表性观点
三基准说	周振华(1992)	增长后劲基准，短缺替代弹性基准，瓶颈效益基准
	许秋星(2001)	收入弹性基准，生产率上升率基准，产业关联度基准
四基准说	党耀国等(2004)	产业关联度基准，收入弹性基准，增长率基准，劳动就业基准
五基准说	陈刚(2004)	创新率基准，生产率上升率基准，需求收入弹性，产业关联度基准，规模经济性基准
	王莉(2004)	可持续发展基准，收入弹性基准，生产率上升率基准，效益基准，产业关联度基准，比较优势基准
	朱要武，朱玉能(2003)	收入弹性基准，生产率上升率基准，产业关联度基准，动态比较优势基准，国际竞争力上升率基准
	张圣祖(2001)	收入弹性基准，生产率上升率基准，产业关联度基准，生产协调最佳基准，增长后劲最大化基准
六基准说	邬义钧等(2001)	需求收入弹性大，供给弹性大，劳动生产率高，能体现劳动生产率的方向，对相关产业的波动和带动作用强
	关爱萍等(2002)	持续发展基准，需求基准，效率基准，技术进步基准，产业关联基准，竞争优势基准
七基准说	王稼琼等(1999)	市场前景和市场竞争力基准，产业之间的带动基准，技术创新与进步基准，吸纳劳动能力基准，动态比较综合优势基准，世界市场竞争力基准，可持续发展基准
	张魁伟(2004)	动态比较优势基准，收入弹性基准，生产率上升率基准，产业关联度基准，生产要素的相对集约基准，就业基准，可持续发展基准

主导产业选择与产业升级的关系，重要的是在不同发展阶段需要有新的主导产业替代原有主导产业，避免主导产业发展出现空当，或者说要避免产业空心化。不再具有发展优势的传统产业，即使是原先的主导产业，也必须走上主导产业更替之路，借助于新的主导产业的进入、发展和壮

大，才能确保一国或一地经济发展的活力与支撑。

(四) 价值链升级

农业企业、制造企业、服务企业等都有自己的价值链和价值链系统。全球领先的农业企业、制造企业和服务企业，通过其强大的研发能力、设计水平、营销及品牌管理等，处在全球价值链的高端，在全球化的分工协作网络中，获取高附加值业务环节的较高利润和报酬。发展中国家或相对落后国家的相关企业（本土企业、合作企业和跨国公司分支机构），一般处在全球价值链低端，主要利用其成本洼地优势（廉价土地、廉价劳动力和对生态环境保护有意无意地忽视）从事加工贸易中的组装、加工和制造业务，得到占比很低的组装费、加工费。高度发达国家的全球领导企业（lead firm），通过全球价值链的治理，遥居价值链的高端位置，严格控制和约束从事加工组装的代工企业，向研发或自主品牌等全球价值链高端环节跃进。加里·杰罗菲、约翰·汉弗莱、蒂莫西·斯特金（2005）对于全球价值链治理，认为有五种类型：市场型、模块型、关系型、俘获型和科层型，详见图1.10①。

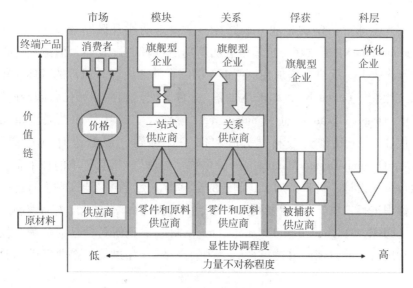

图1.10 全球价值链治理类型

---

① Gary Gereffi, John Humphrey & Timothy Sturgeon. The governance of global value chains, *Review of International Political Economy*, Volume 12, 2005.

处于全球性竞争环境里的全球价值链中的旗舰型领袖企业，也有一个推进企业价值链升级问题，以便发展、强化该旗舰企业的竞争优势。全球性旗舰型企业，在全球采购，在全球寻找代工生产和服务外包，在全球销售，处在全球价值链条中的企业则分布全球，只是发达国家的旗舰型企业处在附加值高的支配性业务环节（设计、研发、全球分销、全球配送、品牌管理等），发展中国家的嵌入企业（通过来料加工、贴牌生产等加工贸易生产方式嵌入）处在从属的价值链低端，作为其成本洼地的一环发挥作用。

旗舰型企业价值链升级路径，大致有工艺或流程升级（process upgrading）、产品升级（product upgrading）和链式升级或跨行业升级（chain upgrading, inter-sector upgrading）①②。工艺或流程升级，主要是指通过重新组织生产系统或引进新的技术、工艺或流程，进而提高将投入转化为产出的生产效率。产品升级主要是指老产品改进或引进新产品，又或者通过转向更复杂的高增值产品系列的生产，实现企业升级。链式升级或跨行业升级，是指运用在原行业价值链优势环节获得的知识、经验和能力等，转向一个新的行业，如将在电视机行业价值链中获得的知识、经验等用于电脑行业。

嵌入全球价值链的企业升级路径，主要是功能升级路径（functional upgrading route）：通过获得价值链上的新功能或者通过放弃价值链上的传统功能来提升、促进和增加在价值链上的综合技能内容。通常的具体路径是从"组装"（assembly，如来料加工、来件装配）到"原始设备制造商"（OEM, Original Equipment Manufacturer，俗称代工或委外加工或订单加工，代工厂一般负责进料、制造和加工）再到"原始设计制造商"（ODM, Original Design Manufacturer，俗称"贴牌"，接获订单的加工企业一般负责从设计、进料、加工、制造的全过程，然后由采购商贴上自己的品牌标识进行销售），最后发展为"原始品牌制造商"或"自主品牌制造商"（OBM, Original Brand Manufacturer，制造企业创立自己的品牌，投资、利用自己的营销渠道销售自己生产的产品）。如果代工企业经由如此

---

① Humphrey, J and Schmitz, H. Governance and upgrading: linking industrial cluster and global value chain [R]. IDS Working Paper 120, Brighton: 2000.

② Hubert Schmitz. Learning and earning in global garment and footwear chains, *The European Journal of Development Research*, Vol. 18, No. 4, 2006.

路径，最终建立起自主品牌，并能在全球市场上参与竞争，创造和确立自身的竞争优势和核心竞争能力，它也就可以成为全球性的旗舰型企业，引领和治理以自己为中心的新的全球价值链，重构了全球价值链和价值系统，从而真正实现升级的目的。

功能升级路径被台湾企业家施振荣形象地用"微笑曲线"的价值链表现出来，功能升级路径也就形象地被简化为向"微笑曲线"的价值链两端延伸，"向左延伸"就是提升企业的研发能力、设计水平，"向右延伸"就是提升企业的物流配送能力、营销服务水平和品牌管理能力等（如图1.11所示）。对于嵌入现有全球价值链的代工企业或贴牌企业（加工贸易企业）而言，要沿着现有全球价值链，从组装、加工、制造等低附加值业务环节，移动到研发、设计、物流配送、营销和品牌管理等高附加值业务环节，势必与全球价值链的现有旗舰型企业出现冲突和竞争，因而难以顺利实施。

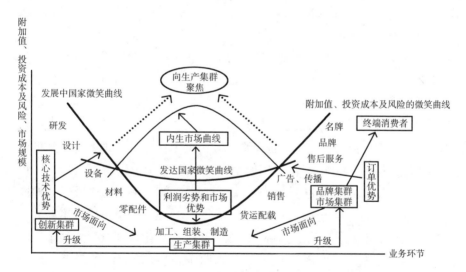

图1.11 微笑曲线与功能升级①

代工和贴牌企业主动嵌入全球价值链，可以将本土的资源优势（如土地、劳动力、原有工业化基础等）与国际资本、海外市场、先进管理及技术、海外营销和国际品牌管理等链接，进而在协作分工中通过干中学，逐

---

① 参见陆明祥《地方产业集群的起源、生成和演进机理——基于佛山瓷砖集群的分析》，经济科学出版社2010年版。

渐增进相关知识、信息、技术和能力，实现对未能进入全球价值链的企业和产区的超越，快速跟上全球化发展的步伐。尽管如此，由于代工和贴牌企业希望沿着全球价值链向两端升级，必然受制于全球旗舰型企业的技术壁垒和订单控制，要解除锁定，顺利升级，其实并不容易。

根据中国商务部2014年首次发布的《全球价值链与我国贸易增加值核算报告》，2002年、2007年和2012年，1000美元货物出口值中，加工贸易出口增加值分别为305美元、367美元和386美元，而2012年一般贸易出口增加值约780美元，到2012年，加工贸易出口增加值仍然不到一般贸易出口增加值的一半。与发达国家比较，2012年，我国每1000美元货物出口值中包含的增加值仅为621美元，美国是850美元，欧盟和日本则在700~800美元之间。显然，国内加工贸易企业希望借助于嵌入全球价值链实现真正的功能升级，成效并不明显。基于此，国内有学者提出，要另辟蹊径，利用国内市场需求向中高端挺进和沿海城市及中西部中心城市的产业开展梯度转移的现实，转向构建国内价值链（NVC），建设和发展自主品牌，实现产业升级。"国内价值链是基于国内市场需求发育而成，由本土企业主导，在本土市场获得品牌、销售和终端渠道以及有自主研发创新能力的产品链高端竞争力，然后逐步进入区域或全球市场的价值链分工体系。"[1] 构建国内价值链，根本诉求仍是以我为主打造全球价值链，发展一批不再受制于欧美发达国家跨国公司的中资旗舰型的全球企业。此外，通过国内价值链的建设，也可带动具有国内价值链基础的行业从低端的全球价值链（GVC）一步步迈向中高端的全球价值链。根据研究，以日、韩等为代表的后发追赶型国家，在积极参与、融入全球价值链的同时，通过并行构建根植于其本国或本土市场（重点在于满足国内市场的需求）的国内价值链，培育、发展、壮大本国的高级生产要素，增强本土品牌企业的竞争优势，再将其本土发展起来的优势扩散到海外乃至全球市场，形成以这些企业为核心的具有全球竞争力的全球价值链。其升级路径大致为：从全球价值链的中低端环节起步，并在此基础上构建国内价值链，再由国内价值链发展为全球价值链，从而实现升级[2]。江苏、浙江和

---

[1] 柳立：《中国需要有自己的全球价值链战略》，中国金融新闻网，2014年4月21日，http://www.financialnews.com.cn/llqy/201404/t20140421_54082.html。

[2] 参见赵放、曾国屏《全球价值链与国内价值链并行条件下的联动效应——以深圳产业升级为例》，《中国软科学》2014年第11期。

广东（深圳）是加工贸易最发达的 3 个省份，在嵌入全球价值链中最早、最普遍、最深入，也最先遇到加工贸易升级问题，因而最先提出要突破全球价值链低端环节的国际传统分工，主张发展国内价值链，实现产业升级的突破。

项枫（2014）以浙江产业升级为例，具体阐述了通过国内价值链的搭建，从而实现产业升级的三条路径：一是上游环节（研发、设计）强化与跨国公司合作创新，共同打造技术优势；二是中游环节（加工、制造）分别向技术和品牌两个方向在竞合中拓展优势和竞争力；三是下游环节（营销、品牌、售后服务等）建立自主品牌[①]。赵放、曾国屏（2014）则以深圳产业升级为例，提出在全球价值链和国内价值链并进模式下，产业升级的最主要路径应该是先进制造业、传统制造业和生产性服务业要联动发展，并建立起制造业与生产性服务业共同升级的良性循环体系，传统制造业不是舍弃的对象，而是升级发展，即先进制造业和现代生产服务业共同改造、支持、促进传统制造业的升级，传统制造业及生产性服务业也为先进制造业企业的国内价值链的构建提供国内市场条件和相应支撑[②]。

三、研究述评

概括而言，产业升级理论主要涉及产业升级方式和产业升级路径这两个方面。对于发达国家，产业升级主要是其全球化企业发展、强化竞争优势的问题，技术优势明显的全球生产企业，通过有效的全球价值链治理，对全球外包企业、代工企业实施技术封锁，将其固化在低端的组装、加工和制造环节，而只能赚取微薄利润和加工费的外包企业、代工企业，根本无法加大力量投资于基础研究、应用技术开发、产业设计等附加值虽高但风险也很高且投资见效慢的这些形成核心技术优势的环节。对于发展中国家，政府、产业和企业，都想一起共同努力，首先实现结构升级，摆脱落后的产业结构；其次，也寄希望于量大面广的加工贸易企业或国内从事一般贸易出口的加工制造企业，能够形成在某些产业的国内价值链和全球价

[①] 参见项枫《基于国内价值链的产业升级突破路径》，《浙江经济》2014 年第 19 期。
[②] 参见赵放、曾国屏《全球价值链与国内价值链并行条件下的联动效应——以深圳产业升级为例》，《中国软科学》2014 年第 11 期。

值链的一定优势，实现攀爬式或超越式的产业升级，将作为发展中国家的本国产业推进到国际领先层次，从而跳出发达国家及其全球旗舰型企业设置的产业升级陷阱和泥淖。

就产业升级方式看，基本可分为结构升级方式和价值链升级方式。结构升级方式又可分为要素禀赋结构升级、三次产业比例升级和主导产业升级，价值链升级方式主要分为发达国家全球旗舰型企业的价值链升级方式和发展中国家或后进国家的代工或贴牌企业的价值链升级方式。

就产业升级路径而言，结构升级路径，主要有要素禀赋结构升级路径（主要指钻石体系升级路径）、三次产业比例结构升级路径（主要指工业化和制造业服务化升级路径）及主导产业升级路径（主要指主导产业选择和更替的升级路径）；价值链升级路径，主要有全球价值链中发达国家旗舰型企业的升级路径（工艺或流程升级、产品升级、链式升级或跨行业升级）和嵌入全球价值链中的发展中国家代工企业的升级路径（嵌入全球价值链进行功能升级的路径、"微笑曲线"路径和国内价值链发育成长路径）。产业升级理论结构如图 1.12 所示。

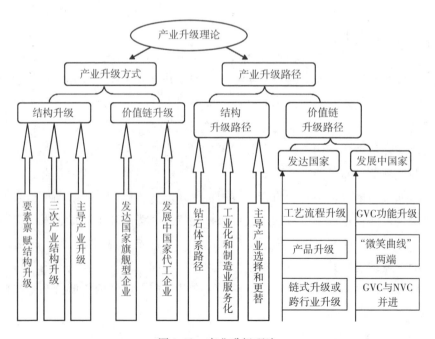

图 1.12 产业升级理论

第三节 番禺区产业升级背景

"十三五"及今后更长的时期内,番禺区的产业发展和升级,是在全球化持续推进,国内、省内都在大力实施结构调整和产业升级的背景下进行的。

一、国际背景

自2007年与2008年美国引爆全球金融危机以来,全球经济出现一个新的转折点,以欧美日发达国家市场为主要出口需求的全球市场日趋疲软,至今难振。依靠出口市场的外向型经济模式遭遇前所未有的挑战。国际货币基金组织(IMF)在2016年4月12日发布的《世界经济展望》报告预测,全球经济虽然继续有所增长,但增长相当缓慢,不断下行的经济增长风险在持续加大,经济重回危机前的强劲增长态势,希望渺茫(如图1.13所示)。不断疲弱的全球经济增长若持续更长时间,其对于全球各国经济的消极影响就会持续扩大。根据世界经济贸易组织发布的数据,危机

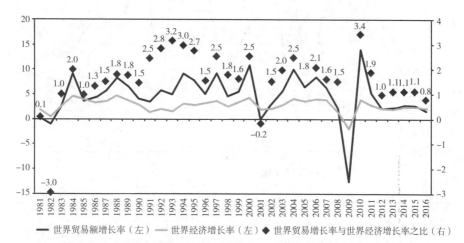

图1.13 世界经济与贸易增长情况(1981—2015)

前,全球贸易额增长是全球经济增长的1.5～2.5倍;危机以来,全球贸易的增长速度伴随着经济增速的缓慢而放慢(降到1.0倍到1.1倍),甚至会低于全球经济增长(世界经济贸易组织预计2016年会降到0.8)。出口导向的外向型经济遭遇了真正的寒冬。各国经济自顾不暇,承担全球增长责任的意愿和能力都备受打击,贸易保护主义、反全球化等重新抬头,全球价值链模式遭遇前所未有的冲击。

美国作为世界第一大经济体,其经济表现直接影响世界各国经济。自2009年至今,从季度数据看,美国经济复苏明显乏力,仅在2011年第四季度和2014年第三季度这2个季度,分别出现4.6%和5.0%的强劲增长,而多达16个季度其经济增长在2%或2%以下(如图1.14所示)。2014年第三季度以来,经济增长持续保持在低位,以至于市场预期的美联储加息一再推迟。美国经济增长动力明显不足,未来经济增长势必继续波动,经济何时走上持续增长轨道,难以预期。美国经济引领全球经济,拉动全球经济复苏和增长,并不乐观。美国实际GDP年增长率(2002—2017年)如图1.15所示。

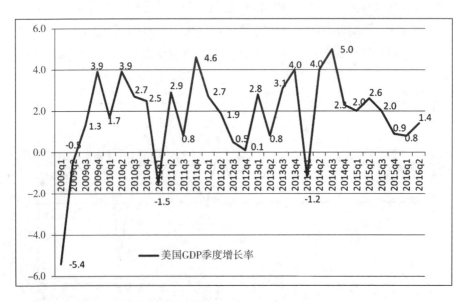

资料来源:根据美国商务部数据绘制。

图1.14 美国GDP季度增长率(2009年第一季度—2016年第二季度)

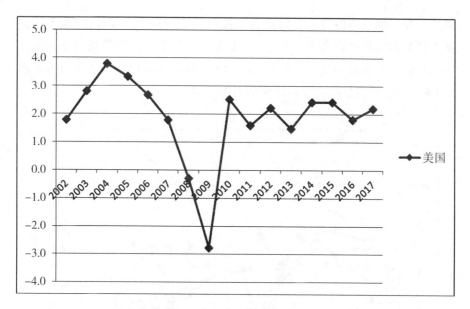

资料来源：根据 OECD *Economic Outlook Annex Tables* 绘制。

图 1.15 美国实际 GDP 年增长率（2002—2017 年）

美国之外，欧元区、英国、日本、澳大利亚和"金砖五国"（中国、俄罗斯、印度、南非及巴西），自深陷 2009 年全球危机以来，经济增长也普遍不乐观（如图 1.16、图 1.17 所示）。根据经合组织（OECD）的分析和预测数据，欧元区、英国、日本和澳大利亚，危机前后实际经济增长率

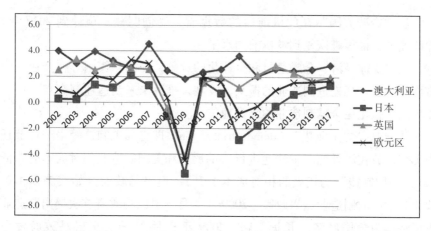

资料来源：根据 OECD *Economic Outlook Annex Tables* 绘制。

图 1.16 澳大利亚等经济体实际 GDP 年增长率（2002—2017 年）

对比明显,但总体而言,各国正走在经济复苏的路上,预计在 2017 年会基本恢复到危机前的水平。不过,这仍是一个较低的经济增长水平,欧元区和日本分别预计在 1.7% 和 1.4%,澳大利亚和英国则分别为 2.9% 和 2.0%。低增长将是欧美发达国家的普遍情况。

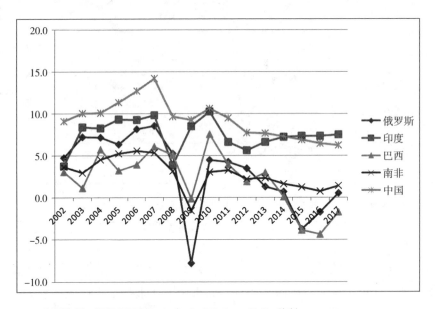

资料来源:根据 OECD *Economic Outlook Annex Tables* 绘制。

图 1.17 "金砖五国"实际 GDP 年增长率(2002—2017 年)

从"金砖五国"在危机前后的数据看,受创明显,预计到 2017 年,除印度外,都很难恢复到危机前的水平。

面对全球经济、金融危机和全球化的竞争,美国、德国等在产业发展方面越来越重视先进制造业的振兴、发展,抢占未来制造业制高点,进一步巩固、强化在全球制造业的领先地位。

美国对"去工业化"(deindustrialization,即将加工制造等生产环节迁出美国,放在海外的成本洼地进行)的反思和美国制造业相对成本的降低(以"中国制造"为代表的相对成本上升),奥巴马政府开始实施以再工业化为核心的制造业振兴政策。2009 年 4 月,奥巴马政府首次提出制造业重振将成为美国经济的长远策略。2009 年 9 月 21 日,奥巴马政府发布《美国创新战略——推动可持续增长和提供优良工作机会》,明确主张推动对美国创新要素的投资和促进美国在优势领域取得突破。2011年2月的修正版《美国创新战略——推动可持续增长和高质量就业》，增补了维持创新系统和创新网络的新政策，并要求优先突破先进制造业、生物技术、清洁能源等领域。2015年10月21日，美国又发布新版的《美国创新战略》，提出将美国建设为创新者国度，要增强和扩大美国在制造业优势领域的全球领先地位，要加大对未来工业的投资，成为创新大国，等等。2009年12月，美国政府正式发布《重振美国制造业框架》，从七个方面提出重振美国制造业的政策。2010年8月11日，美国国会则通过了一个《制造业促进法案》，为美国制造业振兴奠定了法律根基。2011年6月，美国政府公布要启动先进制造业伙伴计划，2012年2月又公布实施先进制造业国家战略计划。奥巴马政府希望重新夺回制造业，要以美国为中心孕育、孵化和引领全球新一代制造业革命，这是AMP（Advanced Manufacturing Partnership，先进制造业伙伴计划）1.0版本。美国总统科技顾问委员会在2014年10月又发布了AMP 2.0，美国政府主导制造业发展战略，以维持全球竞争优势的意图十分明显。ASCPM（先进传感、控制和平台系统）、VIDM（可视化、信息化和数字化制造）、AMM（先进材料制造）等，势必将成为美国最新一代的先进制造技术（AMT, Advanced Manufacturing Technology）需要重点突破的领域。在政府主导和支持方面，美国将通过投资于创新研发的基础设施、构建国家制造的创新网络和体系、政企合作制定技术标准等方面，为美国的先进制造业提供政府助力和支持。信息物理系统（CPS, Cyber-physical Systems）、计算机集成制造系统（CIMS, Computer Integrated Manufacturing System）、柔性制造系统（FMS, Flexible Manufacturing System）、清洁生产模式（CP, Cleaner Production）、精益生产模式（LP, Lean Production）或精益制造模式（LM, Lean Manufacturing）、准时生产制（JIT, Just in Time）或无库存生产方式（SP, Stockless Production）、绿色制造（GM, Green Manufacturing）或环境意识制造（ECM, Environmentally Conscious Manufacturing）、虚拟制造模式（VM, Virtual Manufacturing）等，将成为美国先进制造业和未来工业的主流。在这些新兴制造系统和生产方式中，信息物理系统（CPS）是关键和核心，它将物理设备也连接到互联网上，让物理设备同样可以具有计算、实时通信、精确控制、远程协调和自我治理的能力，互联网实现的是人与人的连接、互动，CPS实现的是人与物理设备之间的连接、互动，物理设备甚至物理建筑都普遍具有了智能。制造业的未来，就在于以 CPS 为核心的智能制造，虚实一体，互联互通，CPS 几乎彻底更新了所有产业和企业的价值链与业务模式。如图 1.18 所示。

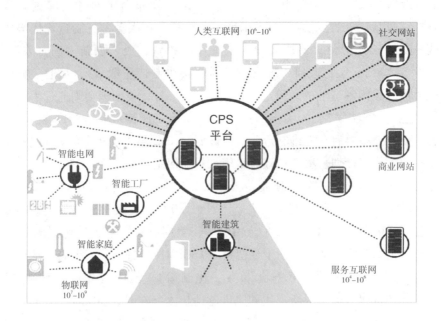

数据来源：博世软件创新公司（bosch），2012。

图 1.18　以 CPS 为核心的互联的智能世界

中国、东南亚等如果是世界工厂，那么这些世界工厂所用先进设备、核心零部件、先进工具等，多数却是德国制造，德国制造业在全球的领先地位，有口皆碑，很难挑战。当欧盟 2009—2012 年深陷欧债危机泥潭时，唯有德国屹立不倒，成为欧盟经济的坚强柱石，原因何在？一言以蔽之，在于德国制造业近乎全球独步的国际竞争力优势。与美国、英国、法国、日本、意大利等国不同，2014 年，德国制造业增加值占其国内生产总值的比重为 22.3%，而 1994 年为 23.0%，20 年的时间，基本不变。2014 年，欧盟国家工业增加值占国内生产总值的比重平均为 15.3%，德国为 25.9%，法国则为 11.4%，英国是 9.4%。1994—2014 年，德国制造业增加值年均增长率为 1.7%，高于同期德国的国内生产总值年均增长率的 1.4%。乌尔里希·森德勒（2014）在《工业 4.0》一书中就明确表示，制造业在德语区始终是最重要的经济元素，它的工业尽可能全面地实现了自动化，而没有大规模外迁到工资和生活成本较低的国家①。

德国为应对以美国为中心的信息化技术的全球化竞争和冲击，2006年、2010年和2014年先后推出3个版本的《德国高科技战略》，核心是工业4.0或第四次工业革命。根据英文版维基百科介绍，工业4.0包括信息物理系统（cyber-physical systems）、物联网（Internet of things）和云计算（cloud computing），这三者被用来改造自动化工厂和生产线，使其成为智能工厂（smart factory），实现制造业的计算机化（computerization of manufacturing）。四次工业革命见图1.19。

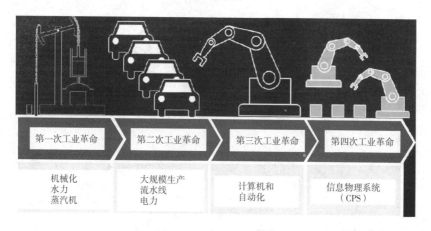

图1.19　四次工业革命

智能工厂基于物联网和服务互联网，并依赖无缝集成的信息系统支撑。从源头的原料投入到中间的生产过程再到最后的产品，全部"穿"上了智能装备，嵌入相应的软件系统和平台，从而全程实现信息收集、传递、交互、反馈、修正等。

美国与德国的智能制造业，都是基于CPS技术，只是美国是在全球领先的信息技术基础上向制造业延伸，以期提升美国制造业的未来竞争力；而德国是基于其全球领先的制造业，融入信息技术，从而进一步增强其制造业的全球竞争力。信息化技术与制造业融合，又或者将信息化技术广泛、深入地应用到制造业领域，是美国、德国为代表的发达国家产业升级的最主要战略和推进路径。关于工业4.0涉及的主要元素以及智能工厂的

---

① 参见乌尔里希·森德勒《工业4.0》，机械工业出版社2014年版，第4-5页。

架构和流程，如图 1.20、图 1.21、图 1.22 所示。

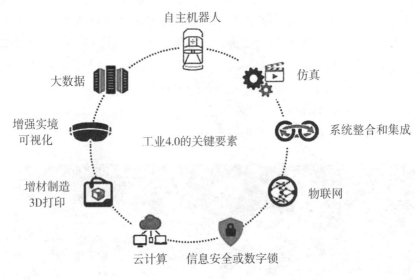

图 1.20　工业 4.0 涉及的主要元素

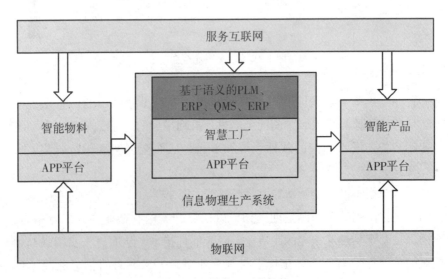

图 1.21　智能工厂的架构

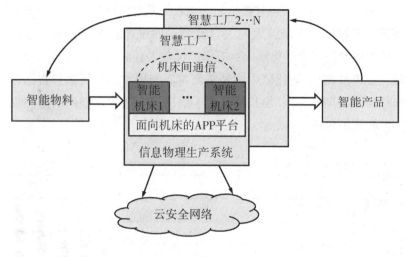

图 1.22 智能工厂流程

二、国内背景

自美国 2008 年次贷危机爆发以来,中国经济增速明显放慢。尽管如此,中国经济增长率在 2008 年到 2014 年的年经济增长率都在 7% 以上。不过,从 2015 年第二季度起,经济增长一路下滑,从 6.98% 下滑至 2016 年第二季度的 6.7%。未来中国经济下行压力将会越来越大,热衷唱衰中国的一些外媒,甚至认为中国经济可能崩盘,可能陷入一如日本的经济持续数十年的衰退之中无法自拔。中国经济虽不必过于悲观,但将会面临更大挑战,需要转型和改革,则是必然。中国经济到底何处去?在全球化、信息化和市场化日趋加深的过程中,中国不仅要适应,还要有正确应对的措施及行动。在 2013 年 12 月 10 日的中央经济工作会议上,习近平总书记首次提出"新常态"。在 2014 年 11 月 9 日,习总书记在亚太经合组织工商领导人峰会开幕式上的演讲,指出新常态的主要特点:一是中国经济从过去的高速增长转为今后的中高速增长;二是中国经济结构需要不断优化升级,第三产业、消费需求将逐步成为主体;三是中国经济的驱动力将从要素驱动、投资驱动转向创新驱动①。关于中国经济旧常态的特点,彭

---

① 参见张占斌《中国经济新常态的提出及背景》,光明网,2016 年 1 月 9 日。

兴韵和费兆奇（2014）将其概括为六点：一是经济增长率持续上升；二是高储蓄、高投资；三是巨大的人口红利；四是依赖房地产业，经济、金融、地方财政的房地产化倾向；五是国民收入分配高度扭曲；六是巨量的信贷、货币投放①。若比较中国经济新常态与旧常态，所谓新常态可进一步概括为"三期叠加"：增长速度进入换挡期，结构调整面临阵痛期，前期刺激政策消化期②。

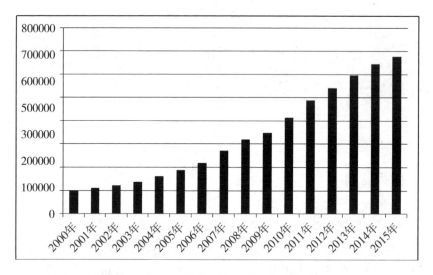

资料来源：根据中国国家统计局数据绘制。单位：亿元。

图 1.23　中国 2000—2015 年的国内生产总值

从图 1.23、图 1.24 和图 1.25 可以看出，中国经济在新常态下，的确增长乏力，一路下滑，前景堪忧。然而，按照习近平总书记的判断，中国经济新常态也有四大机遇和一个挑战，关键是要深化改革。四大机遇分别是：①增速虽放缓，但增量可观；②中国经济增长更趋平稳，经济增长来源更多元化，内需市场大；③经济质量更好、结构更优；④政府放权，市场活力进一步释放。一个挑战主要指中国改革已经进入攻坚期和深水区③。

---

① 参见彭兴韵、费兆奇《中国经济：从"旧常态"到"新常态"》，《上海证券报》2014 年 7 月 31 日。

② 参见陈学慧、林火灿《"三期"叠加是当前中国经济的阶段性特征》，《经济日报》2013 年 8 月 8 日。

③ 《习近平谈"新常态"：3 个特点　4 个机遇　1 个挑战》，中国网，2016 年 2 月 25 日。

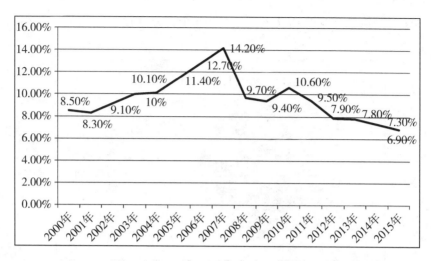

资料来源：根据中国国家统计局数据绘制。

图1.24 中国国内生产总值年增长率

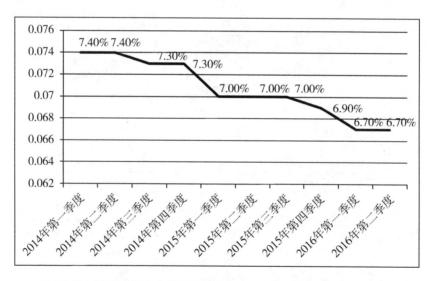

资料来源：根据中国国家统计局数据绘制。

图1.25 近年中国GDP季度增长率

中国经济增长换到减速挡之后，开始日益重视依靠第三产业和国内消费对经济增长的拉动作用。

从第三产业对中国国内生产总值（GDP）的贡献份额看（如图1.26所示），1995年仅为28.5%，到2005年达到44.3%，2014年更提高到

47.5%（与第二产业的47.8%只相差0.3个百分点）。

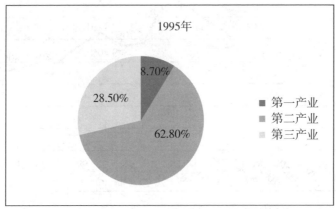

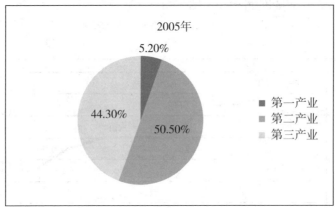

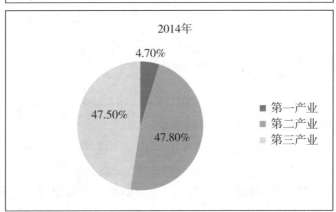

资料来源：根据中国国家统计局数据绘制。

图1.26　第三产业对中国GDP的贡献份额

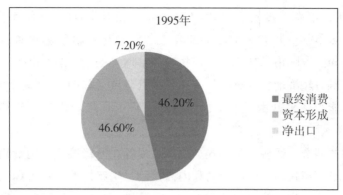

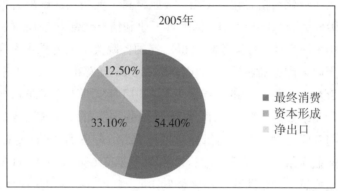

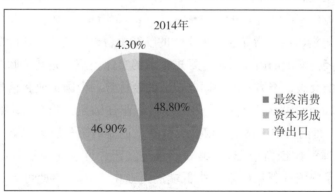

资料来源：根据国家统计局数据绘制。

图 1.27 消费、投资和净出口对中国 GDP 的贡献份额

从三大需求来看，中国经济增长，消费和投资是经济增长的主要驱动力。从具体情况来看，2002 年是一个重要转折点，之前消费对经济增长的贡献是主要的，2003 年开始，投资成为经济增长的主要推动者，特别

是 2009 年，消费、投资和净出口对当年经济增长的贡献份额分别为：56.1%、86.5%和负 42.6%。2009 年以来，全球经济复苏艰难，中国面临较为严峻的国际市场环境，出口拉动经济增长的希望渐渐渺茫。到 2014 年，净出口对经济增长的贡献只有 4.3 个百分点（如图 1.27 所示），出口拉动经济能力微乎其微。未来，中国经济将更加依赖内需，尤其是国内消费。

中国的消费、经济增长模式、生产技术等在升级换代，消费趋向品牌化，经济增长模式趋向创新驱动和内需拉动，生产技术需要以 CPS 技术为重点，推进工业化与信息化的融合。《原材料工业两化深度融合推进计划（2015—2018 年）》（2015 年 1 月 21 日工业和信息化部发布）、《中国制造 2025》（2015 年 5 月 8 日国务院发布）、《国务院关于大力推进大众创业万众创新若干政策措施的意见》（2015 年 6 月 16 日发布）、《国务院关于积极推进"互联网＋"行动的指导意见》（2015 年 7 月 1 日发布）、《促进大数据发展行动纲要》（2015 年 8 月 31 日国务院发布）及《国务院关于深化制造业与互联网融合发展的指导意见》（2016 年 5 月 13 日发布）、《促进装备制造业质量品牌提升专项行动指南》（2016 年 8 月 15 日工业和信息化部、质检总局和国防科工局联合发布）、《关于完善制造业创新体系，推进制造业创新中心建设的指导意见》（2016 年 8 月 19 日工业和信息化部发布）等纲领性、指导性政策文件的陆续出台，正是顺应环境变化和产业发展、经济发展的内在需求，推进中国的实体经济，尤其是制造业，实现根本性的突破，努力发展中国制造业的新优势。中国工业和信息化部部长苗圩（2015）就认为，中国要成为制造业强国至少需要 30 年（即到 2045 年）。目前，中国制造业仅处于世界制造业的第三层级，第一层级是美国（全球科技创新中心），第二层级是欧盟、日本（高端制造中心），第三层级是中国等新兴国家（中低端制造业中心）[①]。由此可见，国家层面没有"退二进三"这一说，制造业仍是重中之重，关键是做强，不惜再花 30 年时间，使中国制造业晋升到欧美、日本的制造业水平，成为全球创新制造、高端制造的中心国家之一。

按照《中国制造 2025》，中国制造业未来将分三步走，第一步迈入世界制造强国行列（入门级的初级世界制造强国），第二步达到世界制造强

---

① 参见苗圩《中国制造追赶世界顶级还差 30 年！》2015 - 12 - 24 www.cechina.cn。

国的中位（中级世界制造强国），第三步进入世界制造强国行列（高级世界制造强国）。在此过程中，有一条主线，即以实现信息技术与制造技术深度融合为主线。同时要做到五大转变：一是由要素驱动向创新驱动转变；二是由低成本竞争优势向质量效益竞争优势转变；三是由资源消耗大、污染物排放多的粗放型制造向绿色制造转变；四是由生产型制造向服务型制造转变；五是注重技术引领的同时，重视人才引领的发展道路。

第二章 产业升级的典型案例

"大众创业、万众创新"是一国经济社会发展的不竭动力,是发展中国家摆脱"人口红利"的自主力量,是经济发展跨越"中等收入陷阱"的战略必然选择。"大众创业、万众创新"的标杆和典范是美国硅谷、中国深圳(一般称其为"中国硅谷")。

不同国家和地区会遵循不同的产业升级路径,改造或替代原有产业,推进未来产业成长,建立或强化新的产业竞争优势。美国硅谷、新加坡和中国深圳是本研究选择的3个产业升级的典范。美国硅谷是市场力量推进产业升级的典范,新加坡则是政府主导产业升级的典范,中国深圳介于其间,既有政府引导、促进、支持的推进力量,又有充分发挥市场的活力和创造力。

第一节 美国硅谷的产业升级路径

美国的"硅谷"(Silicon Valley)是俗称,由媒体命名,渐渐流行开来,成为全球高科技产业创新创业中心的一个符号,是全球高科技业者都想去朝拜、亲近的新兴科技的圣地。其实,美国硅谷主要是指位于加州北部的圣塔克拉拉县,以杏李(西梅)产地著名,制造业仅限于水果等食品加工,1950年时仅有约800个制造业工人。《这里改变世界——硅谷成功创新之谜》一书说得最简洁,"硅"指硅芯片厂商(即半导体公司,笔者注),"谷"是指圣克拉拉谷地,在旧金山南部。该书还认为,1970年,加州企业家拉夫·维尔斯特创造了"硅谷"这个名称,记者霍夫勒从1971年1月11日起,在《电子新闻》杂志的系列报道,使"硅谷"之名传播开来。

在20世纪七八十年代,硅谷渐渐成为美国的微电子工业中心,是袖珍计算器、影像游戏机、家用计算机、无线电话、激光技术、微处理机和数字显示手表的诞生地,是当时美国第九大制造业中心,从业人员大多从事信息的收集、加工和分配工作，或从事信息技术设备的制造。硅谷是高技术综合体，知识分子群集（科学家、工程师等），研发投入高，有全球性市场，产业成长迅速。1970年到1980年，硅谷中心地圣何塞市，从美国第29位的城市一跃而成第18位的城市[1]。

根据《硅谷百年史》[2]的译者闫景立在该书中的介绍，以硅砂为原料的半导体行业在此地的崛起，是硅谷得名的主要原因。实际的硅谷，是以斯坦福大学所在的帕洛阿图（Palo Alto）为中心，沿着旧金山海湾（San Francisco Bay）向东南延伸到以圣何塞（San Jose）为中心城市的圣塔克拉拉山谷（Santa Clara Valley，这才是硅谷的实际名称），向西北延伸到圣马特奥（San Mateo）的一片区域，也就是旧金山湾区（San Francisco Bay Area）的一部分，在湾区南部。在今天，则一般将旧金山（San Francisco）、圣塔克鲁兹（Santa Cruz）、伯克利（Berkeley）及东湾的利弗莫（Livermore）也都归入硅谷范围（如图2.1所示）。所以，硅谷是一个不断向周边扩展的经济区域，并非行政区域，不存在对硅谷进行行政管辖的政府及其机构，它是经济活动突破行政区划的结果，表明市场自发力量的影响及其重构、整合能力。

在图2.1中，硅谷主要是指旧金山湾区的南湾部分，现在正向旧金山湾区的东湾扩散。硅谷高科技产业主要集中在从圣马特奥、红木城或圣卡洛斯、帕洛阿图、芒廷维尤、森尼维尔直到圣何塞和圣塔克拉拉县的一片区域，是一条长约48公里、宽约16公里的狭长地带，硅谷高科技企业也主要分布在从旧金山到圣何塞的101高速公路沿线两侧。世界100强科技企业中，有20家在硅谷：惠普、思科、英特尔、苹果、甲骨文、谷歌、eBay、应用材料、雅虎、基因泰克、维萨（VISA）、奥多比（Adobe）、Facebook、Twitter等等[3]。

对于硅谷，早期是以斯坦福大学所在的帕洛阿图为中心向南发展，从而以南端的圣何塞为中心；但在硅谷形成规模进而成为全球科创中心后，

---

[1] 参见埃弗雷特·M. 罗杰斯、朱迪思·K. 拉森《硅谷热》，经济科学出版社1985年版，第38-42页。

[2] 参见阿伦·拉奥、皮埃罗·斯加鲁菲《硅谷百年史1900—2013》（第二版），人民邮电出版社2014年版。

[3] 参见阿伦·拉奥、皮埃罗·斯加鲁菲《硅谷百年史1900—2013》（第二版），人民邮电出版社2014年版。

图 2.1　美国硅谷

对于都市服务需求越来越多、越来越迫切，因而改为向北发展，大有以旧金山都会区为硅谷新中心的趋势。据知乎骆轶航介绍，圣何塞、圣塔克拉拉、森尼维尔区域可称为老硅谷，是硬件时代的硅谷中心；芒廷维尤、帕洛阿图则是书呆子（Nerd）和黑客（Hacker）的硅谷；红木城/圣卡洛斯和圣马特奥区域，是内容公司（如甲骨文及一些社交游戏软件公司）的硅谷；旧金山则是技术、人文和商业交融的硅谷（如 Twitter，Square，Dropbox，Instagram 等），初创公司、孵化器、辅助及支持公司等开始大规模向旧金山聚集，以享受这里的多彩生活和都市化服务①（如图 2.2 所示）。

---

① 参见知乎《硅谷究竟是指的加州哪个区域？创业公司主要集中在硅谷哪些市镇？》http://www.zhihu.com/question/20131966。

图 2.2 集聚硅谷的科技企业①

一、硅谷产业升级的历史路径

硅谷创造着历史，硅谷本身也被历史所创造。从旧金山沿着 101 高速公路一路向东南方向行驶，在这个狭长的湾区和丘陵地带，曾是美丽的果园，人们过着栽种、采集和加工水果的生活，农业及农产品加工是这里的产业主宰和经济命脉。从"果园"到"硅谷"，这种变革无疑超出任何人的想象。

（一）硅谷的起源和诞生

创办时（1884—1885 年）的斯坦福大学是一所全新理念的大学，该大学认为学校课程和教学要务实，为现实服务，要在斯坦福大学实践和推进"校企合作"或"产学合作"。到 1891 年，斯坦福大学真正创办，它那独特的办学传统因此得以奠定，即大学教育既要授课、自学、实验和实地考察，还要与周边地区的产业紧密结合，教授与商界密切联系，学生能

---

① 吴军《硅谷之谜》一书也用了该图，本图引自 http://cuiqiang2008.baijia.baidu.com/article/298529。

够学有所用和学以致用,能在社会发挥所长、取得成功①。无独有偶,在硅谷崛起的同时,美国东部的波士顿崛起为当时美国第二大微电子工业中心,与同样重视"校企合作"的麻省理工学院(1861年建立)密切相关。麻省理工学院院长卡尔·泰勒·康普顿不仅鼓励教师为私人企业提供咨询,也鼓励教师走出校门开办公司,128公路的高技术综合体的几乎所有公司,都与麻省理工学院有直接或间接的关系②。主动走出象牙塔的著名大学,是硅谷和128公路崛起为高新技术产业中心的源头。在此过程中,美国联邦政府起到了引导资源流向大学实验室的作用,并通过大学实验室发展军工技术。但是,麻省理工学院选择与政府及大型成熟公司合作,推进新技术成果的商业化,而斯坦福大学缺乏与政府的联系,周边除了果农及农产品加工厂,没有可依赖的成熟公司,只有积极推动新科技企业的创办,并与之合作,哪怕新创企业多么弱小和粗陋③。

斯坦福大学和硅谷的密切关系,可追溯到特曼教授时代(1925年,特曼教授来到哈里斯·瑞恩的实验室),瑞恩强调和鼓励产学合作,特曼更进一步,认为大学应该成为商业计划的孵化器。特曼教授的两个学生惠特和普克,走出斯坦福校园,共同创办了惠普公司,这是硅谷的真正开始④⑤。特曼在20世纪50年代采取了一系列促进技术社区形成的措施:鼓励研究生毕业后创业而不是去读博士,鼓励教授到企业里开展咨询。特曼教授本人和其他教授也是投资理事会的成员。特曼把技术和知识产权转让变得极为容易,从3年变成了3分钟,只要有人对斯坦福的科研成果有兴趣,签一个合同就可以拿去;特曼也使实际工作经历成为对学术生涯有利的东西,而在当时,没有一个学校这么做。特曼有一个至关重要的思想,不要成为一个军方的制造机器,科学家只做科研,让他人去建公司,让军

---

① 参见黛博拉·佩里·皮肖内《这里改变世界——硅谷成功创新之谜》,中信出版社2013年版,第37-38页。
② 参见埃弗雷特·M. 罗杰斯、朱迪思·K. 拉森《硅谷热》,经济科学出版社1985年版,第296-298页。
③ 参见安纳利·萨克森宁《硅谷优势》,上海远东出版社2000年版,第11-12页。
④ 参见范泓然、徐勇、欧鸥《回望硅谷》,苏州大学出版社2001年版,第23-25页。
⑤ 参见阿伦·拉奥、皮埃罗·斯加鲁菲《硅谷百年史1900—2013》(第二版),人民邮电出版社2014年版,第31页。

方给他们钱去创业，斯坦福只提供咨询①。正如萨克森宁的《硅谷优势》所介绍，特曼教授鼓励教师和学生熟悉当地公司，了解创业创新和市场的机会。特曼会组织学生到当地电子公司实地考察，定期在行业会议上做演讲，鼓励当地的商人了解斯坦福大学正在从事的研究以及这些研究对当地公司所能提供的帮助。特曼将最主要精力用于建立斯坦福大学与当地企业之间的合作纽带②。而在1951年，特曼与斯坦福大学的校长斯特林（Wallace Sterling）商定，用斯坦福靠近帕洛阿图的约580英亩土地，建立起斯坦福工业园区，用以建设研究所、实验室和办公写字楼等。后来，斯坦福工业园区更名为斯坦福研究园区（Stanford Research Park），成为将大学科研成果转让给公司的一个平台。1955年，该园区引入了7家公司，1960年增加到32家，1970年达到70家。1980年，研究园区的655英亩土地全部租完，共有90家公司，25万名员工。特曼教授在科研和生产间的穿针引线，创造并成就了硅谷，进而让斯坦福大学研究园区成为美国和全球纷起效仿的高技术产业园区③。

拥有具备科研实力并得到政府支持的大学及其实验室固然重要，更重要的是大学及其实验室要具备将其转化为商业用途的热情、努力和渠道，它的科研成果、它的教授、它的学生要能真正走进当地企业，要能真正创办和经营新创企业，要能在此过程中将科研成果、商业计划书转化为一家家企业、一个个产品，推向市场，震撼市场和业界，引领全球性产业的未来。硅谷，靠的是具有孵化能力的大学和公司，大学和公司成为众多创新创业公司的母体。

（二）硅谷的发展和演变

硅谷的形成最早可追溯到斯坦福大学的建立。不过，一般认为，硅谷真正建立是从惠普公司的创办开始，而斯坦福大学工业园的建立，为硅谷形成奠定了根基，是"硅谷之母"。"硅谷之路"也称"惠普之路"，有三个特点：公司技术含量高；公司是创业型和挑战型的，是创业激情的产

---

① 参见老钱《硅谷传奇：硅谷的心脏与大脑——斯坦福大学（Stanford University）（二）》，老钱文集网站，2016年3月31日。
② 参见安纳利·萨克森宁《硅谷优势》，上海远东出版社2000年版，第25页。
③ 参见老钱《硅谷传奇：硅谷的心脏与大脑——斯坦福大学（Stanford University）（二）》，老钱文集网站，2016年3月31日。

物;是一种开放包容的公司文化①。特曼在斯坦福大学与当地电子产业之间建立纽带,也利用斯坦福工业园为新兴电子高技术工业搭建了孵化的平台,活跃的创业人是斯坦福大学的教授和学生,围绕斯坦福大学的高技术综合体是互动交流的创业群体和热烈交流信息、技术、经验的技术文化。

硅谷得以成为全球高科技工业中心,需要突破临界多数,才能达到创新网络和规模工业所必需的公司和创业者的数量。而据道格·汉顿,"二战"以来,至少有4次主要的技术浪潮影响着硅谷发展,随着临界多数的一次次突破,硅谷终于成为今天的全球第一高科技工业中心和创新创业高地②。图2.3显示了自1950年至2000年硅谷的演变历程。

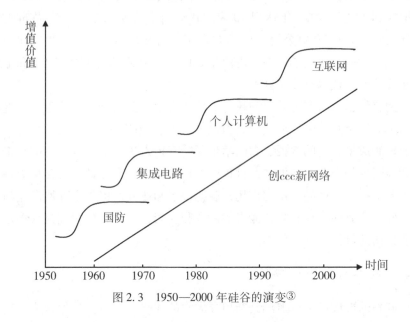

图 2.3 1950—2000 年硅谷的演变③

20世纪50年代,政府采购和国防投入,使得研发创新有足够资金支持,市场和销路也有保证,电子信息产业因此萌芽、发展。1946年2月14日,应美国军方的战争需要,宾夕法尼亚大学的莫奇来(Mauchly)博

---

① 参见范泓然、徐勇、欧鸥《回望硅谷》,苏州大学出版社2001年版,第24-25页。
② 参见道格·汉顿《第三章 硅谷演变结构概貌》,载李钟文、威廉·米勒等主编《硅谷优势——创新与创业精神的栖息地》,人民出版社2002年版,第51-64页。
③ 参见道格·汉顿《第三章 硅谷演变结构概貌》,载李钟文、威廉·米勒等主编《硅谷优势——创新与创业精神的栖息地》,人民出版社2002年版,第52页。

士及其学生爱克特（Eckert），发明出世界第一台电子管电子计算机，即电脑，但这台电脑重达30吨，占地约170平方米。1947年，美国电话电报公司和西方电子创办的贝尔实验室的3个研究人员（肖克利、巴丁和布拉顿）研制成功晶体管，从而替代了体积庞大、笨重的电子管，为集成电路的出现奠定了基础。1959年，仙童半导体公司"八叛徒"之一的罗伯特·诺伊斯（Robert Noyce）与德州仪器的杰克·基尔比（Jack Kilby，2000年诺贝尔奖获得者），一起发明了集成电路（将所有电子元件集成在一张硅片上），从而使电脑变得轻巧，奠定了今天的电脑产业。硅谷的30多家半导体电脑公司，都是在20世纪60年代创办，从而使得圣塔克拉拉谷地变成了"硅谷"，硅谷之名正是起源于此时。不过，在这两个阶段，计算机主要是军用和商用，个人计算机时代是在此之后的80年代。基本轨迹是，肖克利回到家乡帕洛阿图，创办了研究半导体的肖克利实验室，因合作者和员工受不了肖克利的管理，离开肖克利实验室的8个科学家创办了仙童半导体公司，仙童半导体公司成为硅谷的"黄埔军校"，又衍生、带动了一批半导体公司的创办，半导体（硅晶片、集成电路）产业是这两个阶段的主要产业。70年代和80年代，硅谷出现包括苹果在内的20多家个人计算机公司，其核心部件微处理器持续进步，从4位、8位提高到32位等，个人计算机也逐渐普及，成为家用电器的常规用品。硅谷的发展也不再是工程师主导一切的时代，客服、业务拓展和营销推广人员的作用也正变得愈来愈重要，技术、市场和管理，共同成为推进硅谷电子信息产业的主力。90年代至今，随着互联网的兴起，半导体公司、计算机公司不再是硅谷最辉煌的企业，互联网企业开始引领潮流，成长惊人，全面而又迅速地改变着传统产业和经济社会结构，软件业、媒体业、电子商务、社交通信、科技金融等，互联网时代的企业不断涌现。

硅谷的发展演变历史，具有明显的阶段性特征和一些历史性标志事件。根据斯坦福大学硅谷档案项目历史学家莱斯利·柏林（Leslie Berlin，2016）的研究，缔造硅谷的三大力量分别是科技、文化和金融。科技方面，从晶体管到微处理器再到电脑，又进一步地出现互联网、云端、搜索引擎和智能手机等，科技创新在持续、加速和扩展。文化方面，从以高中毕业的老年农民为主的旧社区转型为年轻的博士成群的新社区，并继承西部牛仔和拓荒人的风气、文化，着装随便，生活、工作都轻松随意，不怕也不嘲笑失败，重视从失败中学习，还创造出自我增强的宽容创新、热衷创业的新型商业文化。金融方面,政府是风险投资的倡导者,是最初的风投;之后,是硅谷取得成功的第一代企业和创业者,积极创办风险投资公司,寻找、发现、支持一个个下一代的创业种子和创新颗粒,将其孵化、培育成科技企业的参天大树①。对于硅谷的演变,莱斯利·柏林总结为如图2.4所示。

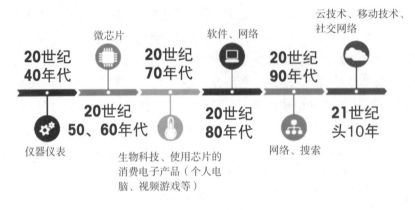

图 2.4　硅谷的变迁

二、硅谷产业升级的经验

硅谷产业升级的经验是什么?

《硅谷百年史》概括的经验是:一年四季的阳光明媚和温和的气候对创业者的吸引;大量的高科技公司可能收购初创公司;世界上最好的科技大学体系(斯坦福大学、加州大学伯克利分校、加州大学旧金山分校、圣何塞州立大学);精通初创公司业务的律师事务所、企业孵化器和风险投资公司;敢于创业、不惧失败的开拓精神;对移民和其他边缘化的群体(书呆子、怪才、同性恋者、黑客、嬉皮士等)的包容以及工程师和科学家的宏图大略。

钱颖一在《硅谷优势——创新与创业精神的栖息地》一书的序言,将硅谷的创新创业精神栖息地的优势,分解为这几点:创新精神和创新活动

---

① 参见莱斯利·柏林《硅谷长盛不衰的秘密》,《博鳌观察》2016年7月。

是成功的精髓，技术突破不是原因而是结果；地方政府对初创企业是采取支持政策还是限制政策，作用很大；领先的研究型大学与企业的关系非常重要；高质量的、高度流动的人才为企业创业提供了人力资本；一系列的专业化服务业，如金融、法律、会计、销售、人才征召等的配套，为企业成长和发展提供了有利条件。

  硅谷特质，也就是硅谷无法复制的核心优势到底是什么，意见也不少。莱斯利·柏林（2016）认为，硅谷特质是学术研究、科技、反主流文化的理想以及对不畏失去、不惧风险的人群有吸引力的加州特有的淘金者的名声。吴军（2015）在《硅谷之谜》一书中则认为硅谷特质首先是叛逆精神和对叛逆的宽容；其次是对失败的宽容，风投宽容失败的创业和创业的失败，公司宽容员工的失败和失败的员工；再次是多元文化，对移民持开放态度；最后是依靠市场，矢志追求和创造卓越的商业文化。张陆洋（2015）在《为什么美国也只有一个硅谷》一文中则认为："硅谷的核心竞争力不在于技术领先，而是拥有世界一流的创新人才，他们拥有用最快速度将技术转变成市场的能力。这需要几大要素的配合：人才——创新型企业家、专业技术人才和配套服务人才；技术——具有前瞻性的科研成果和创意；资金——大公司资金进行科研，风险资本和天使基金出资培育中小公司；市场机制——制度和体制，包括纳斯达克等金融机制，但最重要的一点是创新人才的创新精神。"[①] 最早关注并研究硅谷核心优势的是美国的安纳利·萨克森宁（2000），她的《硅谷优势》一书认为，硅谷形成的分散的以地区网络为基础的工业体系是其核心优势，它与128公路形成的独立的以单一公司为基础的工业体系形成鲜明对照，地区工业体系包括地区机构和文化、工业结构和公司组织这三个方面，密集的社会关系网络使得硅谷分散的各个公司能够通过互助协作发挥作用，它的分散格局则鼓励企业通过技能、技术和资本的自发重组适应市场和技术的迅速变化，硅谷形成的网络体系支持了分散试验和学习的过程，从而培育了各个企业的适应能力。

  概而言之，硅谷产业升级的经验在于：首先是政府对基础研究的投入、大学面向产业和市场的科研、科研成果的市场化机制和科技金融的主动支持，从而形成一个创新科技产业的发生、成长机制和创新科技产业的

---

① 张陆洋：《为什么美国也只有一个硅谷》，《中国证券报》2015年6月8日，第A10版。

推进体系。其次是开放的结构和允许试错及宽容失败的创业文化。政府对新创企业、初创企业采取开放的支持态度，政府对于技术移民、投资移民等也采取开放的态度，社会对于不同人群及光怪陆离的价值观、生活方式等也采取开放、包容的态度，大学对于教职员工在职或离职创业、办公司、企业兼职等采取开放及鼓励甚至支持的态度，公司对于员工离职创业、办竞争公司和竞争性公司间员工的日常交流等也持开放态度，成功的公司、成功的创业人和以发现、挖掘初创企业、新创企业为己任的风险资本家等允许且宽容任何创业失败，等等；最后是充分相信市场，充分相信市场上新出现的还很弱小的新创企业和初创企业孕育着引领未来产业的巨大机会，充分相信市场会适应变化，也就是随着变化，市场会建立各种不同类型的企业以适应产业、技术和市场的种种变化，从而让创新创业的地方工业体系或网络，持续更新和完善。

第二节 新加坡的产业升级路径

根据新加坡统计信息网数据，到 2016 年，新加坡有 719.2 平方公里的国土面积（番禺区的行政面积是 529.94 平方公里，广州市为 7434.4 平方公里，从土地面积看，广州相当于 10 个新加坡），总人口 560.73 万，其中新加坡居民 393.36 万，人口密度 7797 人/平方公里。2015 年，新加坡有 351.6 万就业人口，其中制造业就业人口 40.02 万。显然，其主要人口是在服务业就业。弹丸之地的新加坡，其人均 GDP 在全球排名前 10，其 GDP 总额也排名世界前 40，2015 年的人均 GDP 为 72711 新加坡元（年平均对美元汇率是 1.3748，以此折算，新加坡的人均 GDP 为 52888.42 美元，广州约为 2 万美元），其 2015 年的 GDP 总额约为 2927.39 亿美元（该年，广州与之相当，基本赶上）。此外，新加坡从 2008—2009 年的金融危机中恢复增长后，其在 2010 年的经济总量已经超越中国的香港。就人均 GDP 看，自 20 世纪 90 年代起，新加坡都高于香港，且差距越拉越大。

新加坡现已发展成为国际化大都市，是都市化国家，是亚洲重要的经济中心，也是全球重要的金融中心之一。不过，新加坡刚建国时（1965 年 8 月 9 日脱离马来西亚建国，同年 10 月加入英联邦），是人均生产总值不到 320 美元的一个属于第三世界的穷国，失业问题严重，社会动荡，工业化水平低下，主要以低端的商贸活动为经济发展的主体。

从新加坡的经济结构看，制造业和服务业共同成为其经济支柱，制造业一直受到重视。制造业中，首先是精密工程产业，新加坡精密工程业的发展始于 20 世纪 70 年代，以支持最初的制造业投资。精密工程业（PE）是航空航天、石油与天然气、医疗设备和电子产品等多种产业的支柱产业。无论是制造最小的半导体芯片、最尖端的医疗设备，还是最大的石油勘探钻头，精密工程业都是支持各类制造业背后的关键产业。新加坡精密工程业已取得长足发展，例如，持有制冷压缩机全球市场的 10%，助听器市场的 30%，半导体引线焊接机市场的 70%。新加坡也是亚洲领先的石油与天然气设备的生产基地，是航空航天维护、修理和大修基地。新加坡精密工程业 2009 年的产值达 183 亿元（约占制造业总产值的 9%），该年度的行业年增值达 56 亿元。精密工程业在 2009 年的就业人数达 91300 人，占制造业总就业人数的 22%。该行业共有约 2700 间规模不等的公司，涵盖了中小型企业和大型跨国公司。其次是电子产业（2013 年占其 GDP 的 5.3%、制造业年附加值的 29%，就业人口超过 7.9 万，主要生产半导体、集成器件和硬盘等），主要公司有安华高、飞兆、美光、联发科技、联华电子（UMC）、联合封测（UTAC）、高通以及晶圆系统公司（SSMC）。再就是化工产业。裕廊岛是一个囊括了众多世界领先能源和化工公司的综合性基地。巴斯夫（BASF）、埃克森美孚（ExxonMobil）、朗盛（Lanxess）、三井化学（Mitsui Chemicals）、壳牌（Shell）和住友化学（Sumitomo Chemicals）等都落户于此，其吸引的投资超过 350 亿新元。2010 年，化工产品产值达 380 亿新元。此外，生物制药业是新加坡经济发展的朝阳产业，2011 年，生物制药业贡献了大约 228 亿新元的输出量，以及 6000 多个工作岗位。每年有超过 14 亿新元用于生物医药的研发。在进军生物医药科学业 10 年之后，从事生物医药研发的人数也翻番，从 2000 年的 2200 人增长到 2010 年的 5000 人。此外，从事生物医学制药的人员也在同一时期从 6000 人增长到 14000 人。新加坡拥有超过 50 家生物医药科学企业和 30 家研究机构，2011 年为全球市场生产价值超过 270 亿新元的药物和医疗设备。众多领先的生物制药公司（包括雅培、葛兰素史克、龙沙、默沙东、诺华、辉瑞及赛诺菲－安万特）被新加坡卓越的物质和监管基础设施、全球连通性和技术人力资本所吸引，纷纷选择在此设立其全球制造基地。

一、产业发展与新加坡的经济增长

新加坡的经济增长首先依靠服务业驱动,制造业也功不可没。具体来看,就增加值方面来说,制造业(电子、生物医药、化学、精密工程、交通运输工程等)、批发和零售业、商业服务业(房地产、IT及相关服务、建筑与工程服务、企业代表处或办公室、法律事务、会计等)、运输和通信业(水运、邮政及通信、空运、陆运、仓储等及其支持性服务)、金融服务业(银行业、保险业、基金管理等)共同构成新加坡最主要的五大产业。这五大产业,2005年占比为78.3%,2010年为76.8%(2010年,五大产业的统计调整为六个类别的产业:制造业、批零贸易、商业服务、金融服务、运输仓储、信息通信),2015年为76.6%(统计口径与2010年一致)。表2.1反映了新加坡GDP的产出结构。

表2.1 新加坡GDP的产出结构(以当年价格计算)

(单位:%)

	1990	1995	2000	2005	2010	2011	2012	2013	2014	2015
农业	0.3	0.2	0.1	0.1	0.0	0.0	0.0	0.0	0.0	0.0
工业	31.9	33.3	34.5	31.6	27.6	26.3	26.4	25.0	25.5	26.4
服务业	67.8	66.5	65.4	68.3	72.3	73.7	73.6	75.0	74.5	73.6

资料来源:亚洲开发银行,Key Indicators for Asia and the Pacific,历年。

新加坡的经济结构,从经济产出来看,长期以服务业为主,农业可以忽略不计,但工业也一直占据相当比重,工业比重从1/3降至1/4,用时达20～30年,到2015年,工业比重仍达26.4%,与1990年比只少5.5个百分点。新加坡对工业从来不是有意采取"去工业化"的政策,而是着重于制造业持续发展和创新升级。新加坡的制造业增加值,1990年为168.51亿新元,2000年为406.993亿新元,2010年为650.398亿新元,2015年进一步增至749.611亿新元。新加坡从事制造业的就业人数,1990年33.3万人,2000年28.9万人,2010年29.1万人,2015年仍有23.9万人。25年间,新加坡制造业产出增加了6倍多,但就业人口下降了近10万人。由此可见,新加坡制造业的发展,主要依靠的并非劳动力数量的增加，而是依靠资本、技术和知识等的积累与进步。新加坡工业是从早期的进口替代工业和劳动密集型的外向型工业起步的，主要解决当时的严重失业问题，但随着失业问题的解决，新加坡马上转向节约有限资源创造国际竞争力的产业，资本密集、技术密集和知识基础的战略性产业相继得到发展和推进。

根据新加坡统计局公开发布的2016经济发展研究报告，依据当年价格计算，新加坡2016年的经济增长仅为2.0%（2014年和2015年分别为3.6%和1.9%），而在这个经济增长中，新加坡制造业贡献了0.6%，是新加坡仍能维持一定经济增长的主要力量。当然，就经济增长来源看，新加坡经济增长是严重依赖外需的。在2016年1.2%的需求增长中，外需增长为1.2%，内需增长为0；2015年2.5%的需求增长中，外需约增长1.9%，内需约增长0.5%。2016年，新加坡的GDP增长为2.0%，高出新加坡GDP增长的产业只有4个：制造业最高是3.6%，其他服务业3.1%，信息资讯业2.3%，运输仓储业2.3%，住宿餐饮业、金融保险业、批零贸易业和建造业则分别仅增长1.7%、0.7%、0.6%和0.2%，商业服务业更出现了0.9%的负增长。

在新加坡的制造业中，占据前列的主要产业，2010年分别为计算机、电子及光学产品（958.862亿新元）、精炼石油产品（419.516亿）、化学及化学产品（363.888亿）、机械和设备（205.183亿）、医药及生物制品（173.696亿）；2015年则分别为计算机、电子及光学产品（882.213亿新元，比2010年下降76.649亿）、化学及化学产品（454.089亿，比2010年增加90.201亿）、精炼石油产品（323.642亿，比2010年减少95.874亿）、机械和设备（271.537亿，比2010年增加66.354亿）、医药及生物制品（167.454亿，比2010年减少6.242亿）。经过5年发展，新加坡制造业的主要产业，增长的主要是化学及化学产品产业和机械设备业，计算机、电子及光学产品、精炼石油产品、医药及生物制品等则遭遇较大挑战。不过，就新加坡制造业而言，计算机、电子及光学产品、化学及化学产品、精炼石油产品、机械和设备、医药及生物制品等是新加坡制造业的主要支柱产业。在新加坡2016年经济发展研究报告中，最为关注的制造业分别是电子业、生物医药制造业、精密工程、化学、一般制造业和运输工程。

二、新加坡产业升级历程和经验

新加坡的产业升级历程[1]，可概括为四个阶段：

第一阶段（1959—1965 年）。发展进口替代工业，突破单一的转口贸易经济结构，启动工业化，解决经济严重依赖单一转口贸易的被动局面，以工业化带动和推进经济的多元化发展，逐步建立起主要满足国内和区域市场为主的进口替代型制造业，主要是纺织、服装、食品饮料加工、鞋具和皮革等技术含量不高的劳动密集型产业。

第二阶段（1966—20 世纪 80 年代中期）。面向欧美，招商引资，发展出口导向型产业，借力跨国公司，推进劳动密集型产业向资本密集型产业（石油化工、交通运输设备等）、工艺教育和技能技术密集型产业（电器产业、电子信息产业等）转型和升级，产业附加值明显提高，人力资源素质提升明显，低附加值的、以吸收低端劳动力就业的产业渐渐式微。

第三阶段（20 世纪 80 年代中期—90 年代）。加速推进产业高端化，提升制造业的国际竞争力，重点推进产业组团化（产业集群化）发展，形成了颇具规模和竞争优势的产业组团：电子产业组团、石化产业组团、生物医药产业组团、海事工程产业组团、总部及商业服务业组团和物流产业组团等，在电子信息、精密机械、炼油、石化和造船等逐渐形成具有国际声誉的制造业。

第四阶段（2000 年至今）。首先从 1997 年爆发的亚洲金融危机中，调整恢复渐渐疲弱的经济，再就是在更受重创的 2007—2009 年的全球金融危机中寻找重振经济的方法和措施。在这个阶段提出建立创新驱动的经济体和未来城市的新愿景，加大研发投入，增强优势领域产业（精密制造、海事工程、电子、石化）等，确立生物医药、环境和水处理、数码电子等作为其具有前瞻性的战略性新产业。

被国际社会称为产业升级国际实验室的新加坡，它在产业升级的道路上为发展中国家和地区提供了宝贵经验。

---

[1] 部分参考了杨建伟《新加坡的经济转型与产业升级回顾》，《城市观察》2011 年第 1 期和阮庆文、柏晓洁、袁贺《新加坡产业发展解读》，江苏人民出版社 2014 年版。

第一，富有远见的、积极干预的重商亲商的服务型政府是新加坡进行产业升级的核心、主导和关键。在新加坡历次产业转型升级的关键时刻，新加坡的执政党及政府都能及时出手，勤力亲为，引进外资，培育人才，建造基础设施，打造产业园区，为外资产业（早期的港台资本、后来的欧美日资本）的落户、投产、增资等合理定策，积极作为。新加坡政府的远见不仅反映在建国初期的工业化思路，更反映在之后的产业升级推进路向。比如，1998年新加坡提出"创意新加坡计划"，2002年又提出"创意产业的全面发展规划"，2005年推出"智慧新加坡2015"的蓝图。政府未雨绸缪，在成功面前的战战兢兢和危机意识，使新加坡在产业发展的急剧变化中总能勇立潮头，有一席之地。

第二，坚定不移地推进新加坡经济的全球化、外向化，主动、积极地融入全球产业链，努力成为全球性竞争产业的重要一环，是新加坡产业升级的主要抓手。对于制造业，新加坡从不言弃，不是简单地"退二进三"，而是努力把握全球产业发展动态和趋势，主动切入全球产业发展链条，通过主动加大新兴产业投入和积极寻求国际产业合作渠道、机会，选择性地发展切合新加坡现实和未来的战略性产业，推进新加坡产业升级、转型。新加坡政府通过打造有利于跨国公司发展的营商环境，总能够成功吸引在全球产业内领先的跨国公司将部分研发中心放在新加坡，为新加坡已经集聚一定规模的组团产业打下一针强心剂。

第三，适时规划、建设不同类型产业园区，是新加坡推进产业升级的主要载体和平台。规划、建设产业园区，一方面服务、支持企业入驻，另一方面也便于政府通过入园标准等的制定、执行，确保政府对于入驻企业能够有所选择。新加坡不仅在本国发展产业园区，还从1991年起先后在印度尼西亚、中国、越南、印度和菲律宾等国合作共建产业园区。表2.2反映了新加坡产业升级与园区建设的历程。

表2.2 新加坡产业升级与园区建设的历程

时间	产业升级历程	园区建设里程
1965—1981年	劳动密集型产业：纺织、服装、食品加工、修造船	都市圈外的轻工业地块、裕廊综合工业区等

续上表

时间	产业升级历程	园区建设里程
1980—1990 年	技能密集型产业：电子电器、机械工程、精密工程、光机电以及现代物流	物流园区建设（海港物流基地、空港物流基地）、轻工业产业园区、科学园、国际商务园
1990—2000 年	资本与技术密集型产业：电子信息、石油化工、国际商务海外扩展与"飞地园区"建设	兀兰晶片园、巴西力晶片园、淡滨尼晶片园、裕廊化工岛、樟宜商务园、海外工业园区（苏州工业园、巴淡岛工业区等）
2000 年以后	知识密集型产业：生物医药科技、信息通信与传媒科技、技能环保科技	大士医药园、实里达航空园、纬壹科技城、洁净科技园、新加坡空港物流园等

资料来源：阮庆文、柏晓洁、袁贺：《新加坡产业发展解读》，江苏人民出版社 2014 年版，第 103 页。

第四，正确的人力资源政策和对人力资源不遗余力的投资，是新加坡成功实现产业升级的根本和基石①。除了早期进口替代工业化时期外，新加坡所要发展的技能密集型产业、资本密集型产业、技术密集型产业、知识密集型产业、创意创新产业等，都需要熟练工人、技能劳工、工程师、知识劳工等受过培训，具备相应技能、技术、知识或专业能力的人力资源。初期，新加坡通过与跨国公司合作，建立培训中心，为引进的跨国公司培养合格员工和技术工人。事实上，通过培训中心和派出到跨国公司母国所培养的技术工人超过了跨国公司所需，这些看似多出来的人力资源，成为新加坡引进更多技能密集、资本密集和技术密集的跨国公司的人力资源储备。在培训中心基础上，新加坡建立起了职业教育体系，先后组建了 5 所教育与行业、企业紧密结合的职业技术学院，为产业升级和发展持续培养了所需的大量各类技术技能人才，有效改善了新加坡产业人才供给的质量和数量。

---

① 参见张蕾蕾《东亚和新加坡产业升级的经验及其对中国的启示》，南开大学硕士论文，2009；以及林靖东《第二章 培训新生代技术人员》，载于曾振木等著、戴至中译《心耘》，上海教育出版社 2006 年版。

第三节 深圳的产业升级路径

根据《2016年深圳统计年鉴》，2015年，深圳土地面积为1997.30平方公里（番禺区的行政面积为529.94平方公里，广州市为7434.4平方公里，香港是1105.7平方公里），深圳人口密度5697人/平方公里（与香港6760人/平方公里接近，远高于广州的1816人/平方公里和番禺区的2914人/平方公里）。深圳的经济发展，如果从人口增速的发展角度去看，也许更为清晰。人口巨量、高速地向深圳聚集，造就了今天深圳堪比香港的现代化城市面貌。根据《2016年深圳统计年鉴》，深圳1979—2015年常住人口年均增长10.5%（户籍人口年均增长7.0%，非户籍人口年均增长26.8%，年末劳动者年均增长12.3%）。1980年，深圳常住人口33.29万，1990年167.78万，2000年701.24万，2010年1037.2万，2015年为1137.87万（可以对照广州市常住人口数的情况，1978年为482.90万，2000年994.8万，2010年1270.96万，2015年为1350.11万）。2000年前，深圳人口急剧增加，直追广州；2000年之后，深圳、广州常住人口增长才趋于正常化。这是基于官方统计数据的一个分析结果，但深圳实际常住人口可能远高于官方统计所公布数据，一项估计是，深圳常住人口最低也会在1700万，甚至有可能已经达到2000万[①]。

深圳在陆地的最南端，远离北京、上海，与省城广州也有一定距离，与之毗邻的是"东方之珠"香港。深圳开始是改革开放的试验场，最终却成了与北京、上海并列的国际化大都市，即使香港、广州，也不得不对其重新审视，甚至向它学习。深圳的崛起，是奇迹，更是神话。一个除了地缘（靠近香港）和政策（特区政策）之外便无足道的小渔村，居然跃升为人口千万、GDP直追香港的大都市，未来还将与香港、广州一道，引领发展一个世界级的大湾区经济，深圳之"雄"，罕有匹敌。

深圳自从1979年兴办特区以来，经过30多年的发展和建设，经济成就巨大。深圳本地生产总值（GDP）从1979年的不到2亿元人民币，到

[①] 参见聂日明、傅蔚冈《深圳常住人口之谜》，《中国证券期货》2017年第2期，第56-59页。

2016年已经成长到将近2万亿元人民币，2016年的人均本地生产总值已经明显超过广州、天津、北京、上海等一线发达城市，达到25176美元[①]，是香港人均本地生产总值的一半左右。从产业发展看，深圳已经形成四大支柱产业：高新技术产业，金融业，物流业和文化产业；也已经形成七大战略性新兴产业：新一代信息技术产业，互联网产业，新材料产业，生物产业，新能源产业，节能环保产业和文化创意产业；并正在打造四大未来产业：海洋产业，航空航天产业，机器人、可穿戴设备和智能装备产业，生命健康产业[②]。

一、深圳的产业发展和产业结构

（一）深圳的经济和产业成长

从1979年到2016年，深圳的本地生产总值，主要受第二产业和第三产业的发展所驱动，第一产业的地位持续下降，现在已变得无足轻重。

1979—1992年，经济增长和产业发展似乎都比较迟缓，真正快速的增长和崛起，是在2000年之后，只用了16年的时间，本地生产总值先后跨越5000亿、1万亿、15000亿，到2016年已经十分接近2万亿，第三产业也是先后跨越5000亿和1万亿，唯有第二产业在跨越5000亿增加值后，距离1万亿仍有一段不小的距离。第三产业对于深圳本地生产总值的跃进起着更关键的作用。这也不奇怪，深圳四大支柱产业，除了高新技术产业外，金融业、物流业和文化产业都属于第三产业。从另一个角度看，深圳第二产业的增长势头虽然渐渐落后于第三产业，但是并没有陷入衰退，只是增速有所放慢，规模仍在持续扩大（如图2.5所示）。分段来看也许更为清晰。

深圳1979年开始建立特区，直到1992年邓小平发表南方讲话。这个阶段，国内经济发展仍纠缠于"姓社姓资"的争论，社会主义市场经济体制的改革目标还没有确立。尽管如此，作为改革试验场的深圳，各项改革和开放政策仍得以率先推行和实施，因此，经济和产业率先实现成长突

---

① 参见深圳统计局《2016年深圳市国民经济和社会发展统计公报》，2017年4月28日。
② 参见深圳统计局《2016年深圳市国民经济和社会发展统计公报》，2017年4月28日。

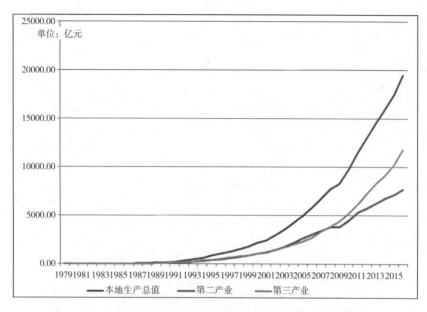

图 2.5 深圳 1979—2016 的经济和产业成长

破。深圳在 1985 年之后，七八年的时间，本地生产总值先后突破 50 亿、100 亿、150 亿、200 亿、250 亿和 300 亿的关口，第二产业和第三产业也先后跨越 50 亿、100 亿和 150 亿的台阶，本地生产总值、第二第三产业都增长明显（如图 2.6 所示）。如果说 1979—1984 年是深圳经济和产业成长的起步阶段，那么 1985—1992 年，深圳实际上就已经开始起飞并迅速成长，崛起速度已是相当惊人，尤其是第二产业（主要是工业）更是迎头赶上了第三产业，在产业增加值所达到的规模上，跟一直处于优势的第三产业已经并驾齐驱。深圳的工业化在这个阶段明显取得了较大突破。在这个明显的快速工业化阶段，深圳的第一产业也得到了一定增长，尽管比重仍然较低，但也较改革开放初期有了一定提高。

1993 年，中国共产党十四届三中全会正式通过《中共中央关于建立社会主义市场经济体制若干问题的决定》，明确了中国经济体制改革的方向就是市场经济体制，深圳的经济和产业从此就踏上了稍有波折的坦途。深圳在安然度过 1997 年亚洲金融危机之后，经济和产业继续增长，直到 2001 年中国加入世界贸易组织（WTO），深圳的经济和产业增长得以明显加速，尤其是深圳工业在这个阶段增长迅速，一度超越服务业，成为深圳经济最重要引擎。但在 2007—2008 年，深圳经济又再遭遇全球金融海啸

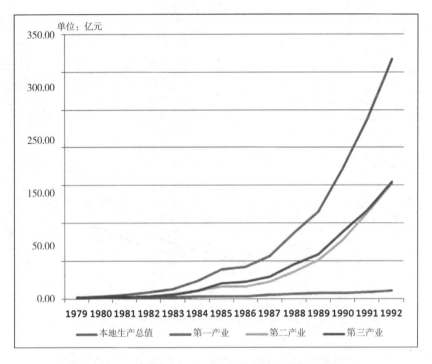

图 2.6 深圳 1979—1992 年的经济和产业成长

冲击,工业增长受挫,由高速增长转向中高速增长,但第三产业受影响有限,增势还较前期迅猛,从而中高速增长的第二产业和依旧高速增长的第三产业引领深圳经济继续高歌猛进。深圳经济和产业,虽遭遇了1997年亚洲金融危机和2008年由美国引发的全球金融海啸,却能迅速恢复过来,继续保持强劲增长的态势(如图2.7所示)。就深圳主要产业看,工业、金融业、批发零售和房地产等业,对于深圳经济和产业发展起着中流砥柱的作用,尤其是工业(主要是高新技术产业)与金融业。

深圳增加值已超过1000亿元人民币的有四大产业:工业、金融业、批发零售和房地产,它们的持续增长是深圳经济高速增长的关键。2016年,深圳的四大支柱产业中,高新技术产业增加值6560.02亿元(其中,高技术制造业增加值4762.87亿元),金融业增加值2876.89亿元,物流业增加值1984.50亿元,文化及相关产业增加值1100.91亿元①。而规模以上工业中,计算机、通信和其他电子设备制造业增加值高达4393.47亿

---

① 参见深圳统计局《2016年深圳市国民经济和社会发展统计公报》,2017年4月28日。

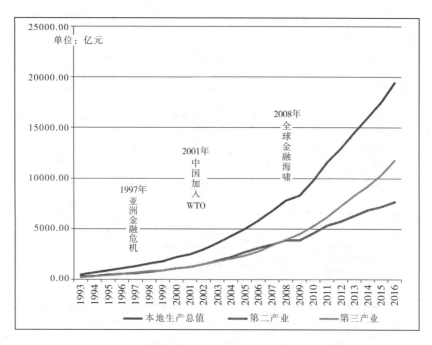

图 2.7　深圳 1993—2016 年的经济和产业成长

元，其他增加值比较高的规模以上工业：电气机械和器材制造业 423.47 亿元，专用设备制造业 295.03 亿元，电力、热力生产和供应业 271.04 亿元，石油和天然气开采业 205.06 亿元，合计不过 1194.6 亿元，仅约为前者的 1/4（如图 2.8 所示）。电子信息产业无疑是深圳工业、深圳高新技术产业、深圳高技术制造业以及深圳战略性新兴产业的最主要和最核心的部分。深圳被誉为中国"硅谷"，无疑是最合适的。

深圳重点关注的战略性新兴产业成长迅速。2009 年，战略性新兴产业增加值为 2215.03 亿，2015 年已经增长到 7003.48 亿，6 年时间增长 3 倍多。其中，新一代信息技术产业占了半壁江山，2009 年其增加值为 1111.76 亿，2015 年则达 3173.07 亿，也是增长了将近 3 倍。

在《2016 年深圳统计年鉴》中，因为节能环保产业只有 2015 年的数据，所以图 2.9 绘制的是深圳七大战略性新兴产业中的六个产业。显然，深圳六个主要的战略性新兴产业，最具规模且增长较快的主要是三类：新一代信息技术产业、文化创意产业和互联网产业。

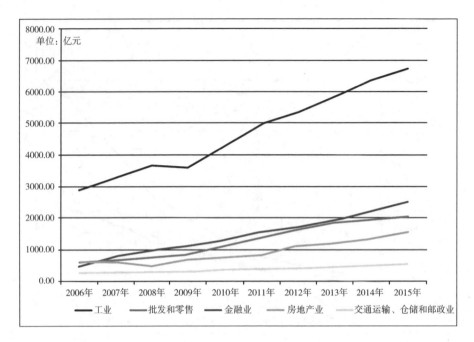

图 2.8　深圳 2006—2015 年主要产业的成长情况

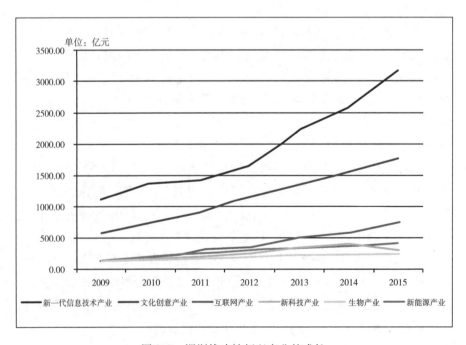

图 2.9　深圳战略性新兴产业的成长

(二) 深圳的产业结构

深圳目前已基本形成四大产业为主的结构：高新技术产业、金融业、物流业和文化创意产业。不过，如果按照传统的产业分类和产业结构分析，还需要了解深圳的三次产业结构的一些变化。笔者将选取1980年、1990年、2000年、2010年和2016年这几个年份，试图能够发现深圳产业结构的一些特点和变化。

1980年的深圳产业结构是"三一二"的结构，三大产业的发展比较均衡，第三产业比重最高，达45%，其次是第一产业29%，第二产业仅占26%（如图2.10所示）。到了1990年，第三产业占比有所提高，为51%，但第二产业比重迅速升至45%，第一产业比重则急降至4%（如图2.1为所示），到2000年，第三产业略降至49%，第二产业进一步升至50%（如图2.12所示）。很明显，1980—2000年的这20年间，深圳第二产业强势崛起，稳稳占据半壁江山，第三产业比重虽有波动，但也基本稳定在50%左右。可是，到了2010年，第二产业比重从高点回落，第三产业比重已超过第二产业比重8个百分点，三产占比54%，二产占比46%，第一产业基本可以忽略不计（如图2.13所示）。到2016年，第三产业比重进一步升至60%，第二产业比重再回落至40%（如图2.14所示）。不过，相较于上海、北京、广州，深圳第三产业比重相对较低，第二产业比

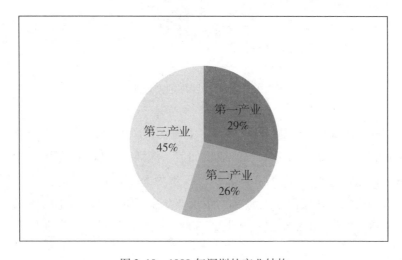

图2.10 1980年深圳的产业结构

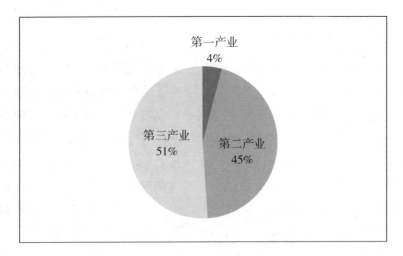

图 2.11　1990 年深圳的产业结构

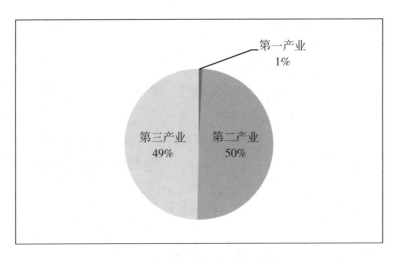

图 2.12　2000 年深圳的产业结构

重相对较高。2016 年第三产业比重，上海为 70.5%，北京为 80.3%，广州为 68.56%。而 2016 年第二产业增加值，深圳为 7700.43 亿元，上海为 7994.34 亿元，北京为 4774.4 亿元，广州为 5925.87 亿元，在北上广深中，深圳第二产业仅次于上海（差距仅 200 多亿），却远高于广州（高出将近 1800 亿元）和北京（高出将近 3000 亿）[①]。深圳第二产业能有此规

---

① 资料来源于各市《2016 年国民经济和社会发展统计公报》。

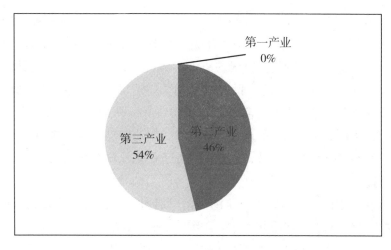

图 2.13 2010 年深圳的产业结构

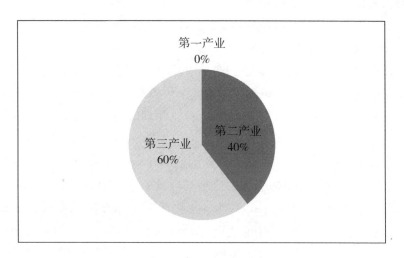

图 2.14 2016 年深圳的产业结构

模,的确不容小觑。

二、深圳产业升级路径和经验

(一) 深圳的产业升级路径

在《深圳市人民政府关于加快产业转型升级的指导意见》(深府

〔2011〕165号）中，对于深圳的产业发展和升级历程，有一段最为概括的话：“深圳的产业发展史就是一部顺应经济发展规律、融入全球产业分工体系、不断进行产业转型升级的历史。从上世纪八十年代大力发展'三来一补'加工业开始起步，到九十年代着力打造以电子信息产业为龙头的高新技术产业，再到本世纪前十年初步构建起以高新技术产业、金融业、物流业、文化产业为支柱的现代产业体系，产业转型升级为深圳经济的蓬勃发展提供了强有力的支撑，创造了世界工业化、城市化和现代化发展史上的奇迹。”

不过，也有另外的看法。旅港经济学者林岭东认为，深圳的繁荣兴盛，在1986年之前是由于贸易，1986—1997年是由于快速的工业化，1998—2008是由于高科技产业的兴起与高速增长，2008年迄今则是由于金融自由化与移动互联网创业潮。[①]

深圳产业升级路径或经济转型的阶段性特征，再结合前面的分析，大致可分为以下几个阶段。

深圳的第一次升级转型是1979—1992年，深圳通过承接香港劳动密集型制造业的就近转移，以加工制造业为代表的第二产业迅速发展，通过加速工业化，实现了产业结构转型，农业深圳转型为工业深圳和贸易深圳。工业、外贸的互生共进，港资为主的"三来一补"和利用香港作为投资、贸易中介的"三资"企业，在深圳遍地开花，是深圳产业升级的主要推手和依靠。1985年前的深圳主要是基础设施建设和通过贸易（从香港进口再转卖内地）在发展；1985年之后，有了发展工业的基础设施和引资发展的基本政策（即政府确立了"以外商投资为主、生产以加工装配为主、产品以出口为主"的政策思路），深圳的工业才真正步入增长轨道，并迅速改变了深圳的经济面貌。所以，这个阶段引进外资（尤其是港资）是深圳产业发展和升级的主要因素，政府主要为外资提供投资和贸易的各种便利、优惠和保护，政府的主要努力方向就是将外资引进来，发展深圳的出口加工贸易工业，走上与工业化起飞期的亚洲"四小龙"一样的出口导向型工业化之路。

深圳的第二次升级转型是1993—2006年，深圳开始转变对加工贸易

[①] 参见王帆《深圳新经济何以成功？——从零开始向高科技转型》，《21世纪经济报道》2016年5月10日。

工业一边倒的支持政策，日益重视发展科技产业，尤其是高新技术产业，政府主动推进和引导产业升级的态度明确、措施得力并一以贯之，不遗余力地发展高新技术产业的决心，丝毫没有动摇过。1993年底，深圳出台决议，停止登记注册新的"三来一补"企业。特区内已办的"三来一补"加工业，属于污染环境的，坚决迁走。深圳由此开辟了向高新技术产业进军的升级发展之路。1995年7月，深圳召开全市科技大会，提出贯彻全国科技大会精神，实施"科技兴市"战略，把推进高新技术产业发展作为今后的中心工作，明确了信息产业、新材料、生物技术为今后发展的三大支柱产业。3个月后，深圳市委市政府发布《关于推动科学技术进步的决定》，明确"以高新技术产业为先导"的战略思想[1]。至2016年，已经举办十八届的中国国际高新技术成果交易会（以下简称"高交会"）蜚声国际，它的举办地却是在深圳。早在1999年深圳就举办了首届"高交会"。那时的深圳是看不出有什么发展高科技产业的任何人才、技术和科研院所优势的，这些优势在上海、北京、南京、西安、武汉等地；在广东，具备优势的也是广州而不是没有什么科研院所和高校的深圳。

深圳的第三次升级转型是2007年至今，深圳面临2007—2009年的全球性金融危机，再次求变。从2007年开始，深圳政府着手思考、研究和出台支持主要战略性新兴产业的政策，得以形成新一代信息技术产业、文化创意产业、互联网产业、新材料产业、生物产业、新能源产业、节能环保产业等7个新崛起的产业。2011年，深圳又提出培育未来产业，包括生命健康、海洋经济、航空航天等[2]。在这个阶段，深圳持续强化创新政策优势，先后出台了产业转型升级"1+4"文件、《关于优化空间资源配置促进产业转型升级的意见》"1+6"文件等综合性政策，出台了促进自主创新、战略性新兴产业发展、加工贸易转型升级、总部经济等专项政策和规划。2015年，结合国家宏观政策制定了"互联网+"行动计划和"中国制造2025"深圳行动计划，形成了产业转型升级的政策体系[3]。2014-2015年，深圳新增36万家中小微企业，增长率达75%。千人商事主体全

---

[1] 参见王帆《深圳新经济何以成功？——从零开始向高科技转型》，《21世纪经济报道》2016年5月10日。
[2] 参见郭锐川、张小玲《深圳转型升级较早 产业核心竞争力强》，《南方都市报》2016年2月27日。
[3] 参见马芳《产业转型升级的深圳样本》，《南方日报》深圳观察专题，2016年8月23日。

国第一,高科技企业3万家①。2006年1月,深圳颁布实施《关于实施自主创新战略,建设国家创新型城市的决定》。2008年6月,国家发改委正式发文,批准将深圳列为全国第一个创建国家创新型城市试点。2014年5月,深圳被批复为国内第四个国家自主创新示范区,从而成为国务院正式发文批复的第一个以城市为基本单元的国家自主创新示范区。

(二) 深圳的产业升级经验

在《深圳市人民政府关于加快产业转型升级的指导意见》(深府〔2011〕165号)中,提出实现产业转型升级六大措施:以结构优化推动产业转型升级,以技术创新引领产业转型升级,以产业转移加快产业转型升级,以载体建设支撑产业转型升级,以高端重大项目带动产业转型升级,以区域合作促进产业转型升级。不过,综合各方观点,深圳产业升级最主要的经验在于如下六点:

第一,深圳能够紧随技术、产业的生命周期和发展趋势,在关键的时间节点,聚焦产业链的关键环节,实现优质资源优势配置。从"三来一补"到转型发展高新技术产业,从前瞻布局战略性新兴产业到发力未来产业,纵观深圳的发展轨迹,总能在经济发展和历史机遇中踏准节点,实现产业发展的转型升级,实现结构性改革的超前引领②。

第二,注重创新的分类指导、分层推进,把传统优势产业、支柱产业、战略性新兴产业、未来产业进行合理区分,有序科学推进。"深圳的传统优势产业包括服装、黄金珠宝、钟表、眼镜和家具等,主要是引导设计与品牌融合、与产业嫁接,加快服装、黄金珠宝、钟表和眼镜产业向都市产业升级,机械模具向数字装备转型。支柱产业包括高新技术产业、物流业、金融业和文创产业。未来要发展的产业,包括海洋产业、航空航天产业、军工产业和机器人、可穿戴设备、智能装备产业,加快技术、人才和装备储备,为下一步经济发展蓄积后劲。③ 深圳通过"科技+文化"、"科技+创意"等形式,协同推动优势传统产业加速向研发、设计、品牌、总部等产业链、价值链高端迈进,家具、钟表、黄金珠宝、眼镜等优势产

---

① 参见侏罗纪《深圳正在干一件大事儿:再造一个深圳!》,《凤凰财经》2016年6月1日。http://finance.ifeng.com/a/20160601/14447739_0.shtml。

② 参见闻坤:《未来产业成为深圳经济新引擎》,《深圳特区报》2017年4月24日。

③ 参见徐埔《深圳:杭州转型升级学习的样本》,《杭州日报》2015年1月26日。

业逐步实现了从"深圳制造"再到"深圳创造"的跨越①。从2009年起，深圳每年投入35亿元，鼓励互联网、生物、新能源等七大战略性新兴产业发展；2014年起，深圳每年又拨付15亿元，发展生命健康、机器人、航空航天等五大未来产业②。

第三，以政府权力的"减法"换来市场活力的"乘法"③，通过简政放权，焕发市场的创新创业活力。权力的精简，给市场"松绑"，极大地激发了深圳创业、创新热情。据统计，截至2015年12月31日，深圳累计实有商事主体214.1万户，每千人拥有商事主体199户，其中新增股权投资企业2.5万家。商事主体总量和创业密度继续居全国大中城市首位④。

第四，"四创联动"，形成创新创业生态圈。"四创联动"就是指"把创新环境、创业计划、创投资金和创客活动联合起来"，并在最大程度上整合资源，使其在链条中流动，让创新不再是"单打独斗"，从而形成深圳的综合创新生态系统。截至2015年年底，深圳全市各类孵化载体超过120家，在孵企业5870家，从业人数21万⑤。

第五，以优化空间资源配置促进产业转型升级。深圳市考虑到建设用地少且分散零星，产业转型受空间制约的实际情况，出台了关于优化空间资源配置的"1+6"政策文件。实施差别化供地、差别化地价、差别化管理模式，对战略性新兴产业等符合深圳产业发展导向的产业，最高给予50%的地价优惠，对落后产能最高提高100%的土地使用成本，并对不同产业供地方式和供地年限实行差别化管理。实施房地并举、优先供房，建立以房招商、养商、稳商的新机制，允许企业通过购买、租赁、合作等方式解决生产及配套问题，并根据政策给予创新性企业租金补贴或优惠。通过建立全市统一、公开的空间供需服务平台，建立健全准入和退出机制，提高优质企业的落地效率；通过创新产业用地分类，鼓励土地混合使用，提高产业容积率上限，预留产业发展空间资源，集约布置配套设施等，满足重点产业发展需求⑥。"十二五"以来，深圳5年淘汰转型低端企业超

---

① 参见马芳《产业转型升级的深圳样本》，《南方日报》深圳观察专题，2016年8月23日。
② 参见江宝章、刘泰山、吕绍刚《深圳 转型创新不停步（稳增长调结构转方式·深圳调研行）》《人民日报》，2016年5月10日。
③ 同①。
④ 同①。
⑤ 同①。
⑥ 参见王长平《借鉴深圳经验推动我省产业转型升级》，《黑龙江日报》2016年7月12日。

过 1.7 万家。特别是针对河流流域和重点开发区域、重点产业集聚区等重点片区，引导各区加大力度以片区为单位进行成片清理淘汰落后低端企业和产业环境整治，以高端产业进驻替代原来的低端产业，为新兴产业发展腾出更多的空间和资源。2015 年，深圳通过这种片区清理淘汰和环境整治提升，共清理淘汰 820 家低端企业，释放产业空间超过 200 万平方米①。

第六，正确看待第二产业，力保一定体量和规模的现代先进制造业，使其成为第三产业发展和城市化推进的重要支撑，避免产城空心化。

---

① 参见马芳《产业转型升级的深圳样本》，《南方日报》深圳观察专题，2016 年 8 月 23 日。

第三章　广州产业升级的先行区

在广州 11 个区中（如图 3.1 所示），番禺是新建区，荔湾（合并了原芳村）、越秀（合并了原东山）、海珠和天河是广州传统的都市核心区，海珠区因处河南（珠江南岸），相对于河北（珠江北岸）的荔湾、越秀和天河，产业、经济及都市化程度都稍弱些。所以，我们选择荔湾、越秀、天河作为广州市产业升级的先行区进行分别考察，并希望从中总结一些经验，以资番禺借鉴和学习。2005 年 4 月，国务院批准的广州行政区划调整方案，基本确定了广州市荔湾区、越秀区和天河区的现有区划和管辖范围。所以，我们研究的这三个产业升级先行区，其行政区划实际上也才刚满 10 年的时间，但是它们的经济密度在全市遥遥领先。

图 3.1　广州市的 11 个行政区

第一节 越秀区的产业升级路径

从经济密度看,越秀区可谓一枝独秀,天河区、荔湾区也难与比肩(如图3.2所示)。越秀区的土地面积为33.8平方公里,户籍人口共117万人。2015年,越秀区地方生产总值为2695亿元人民币,第二、三产业结构比重为2.02∶97.98。2016年,越秀区地方生产总值2909.32亿元人民币,第二、三产业结构比重为1.81∶98.19,服务业是其绝对主导产业和产业支柱。目前,越秀区重点聚焦发展四大主导产业(都是服务业):金融业、商贸业、文化创意产业和健康医疗产业,并逐渐形成"一核三带四区"的产业发展空间和产业功能区域。"一核"是指北京路文化核心区,"三带"分别为沿江路商务景观带、东风路楼宇经济带和环市路智力创新带,"四区"则分别是指黄花岗科技园、广州民间金融街、广州健康医疗中心和流花现代商务区。

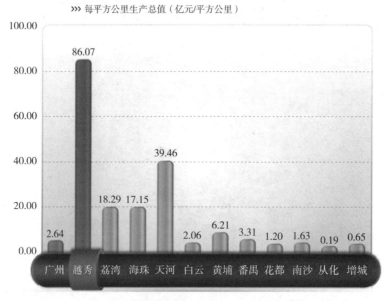

图3.2 2016年广州市及各区经济密度①

---

① 地图资料引自博雅地名网,经济密度数据图来自越秀区统计局。

一、从"十一五"规划到"十三五"规划:"一核三带四区"

根据2006年3月编制的越秀区"十一五"规划,确定了四大发展战略:总部领先、文教先导、科技创新与和谐发展这四大战略,到2010年,把越秀区建设成以"城市核心、文教名区、总部基地、千年商都、宜居城区"为特征的现代化中心城区。越秀区在"十一五"期间主要以总部经济为切入点,实行"两手抓",一手抓商务业,将商务业做大规模,一手抓商贸业,将商贸流通业做强,提升竞争力,通过商务业和商贸流通业的做大做强,推进越秀区总部经济发展。再者,要大力发展生产服务业和生活服务业,促进越秀区第三产业的现代化和国际化,构建以"现代服务中心"和"中高档消费中心"为特色的产业发展体系。具体推进措施被概括为"三促进一保持":促进提高自主创新能力、促进传统产业转型升级、促进建设现代产业体系和保持经济平稳较快增长。2010年,越秀区地区生产总值1639.83亿元人民币,较2005年增长68.62%,年均增长率11.02%。2010年,经认定的总部企业是339家,创造增加值735.39亿元,占越秀区地区生产总值44.85%,传统商贸流通业(批发零售、住宿餐饮等)创造增加值352.90亿元,占越秀区地区生产总值21.52%。

据越秀区"十二五"规划,提出坚持实施"文化引领、提升总部、创新驱动、共建共享"四大战略。但对照它的"十一五"规划,四大战略在表述和先后次序的排列上还是有所不同,"文化引领"放在了前面,文化的先导作用变成了文化的引领作用。发展目标方面,对于"十一五"规划曾提出的建设现代化中心城区,"十二五"规划提得更加具体和明确,也就是:以总部经济为龙头,着力构建现代产业体系,重点打造越秀核心产业功能提升区和北京路广府文化商贸旅游区两大功能区,进一步彰显"广府文化源地、千年商都核心、公共服务中心"的地位,努力建成经济发达、文化繁荣、环境友好、幸福祥和的国家中心城市核心区。主要变化是,从建设"现代化中心城区"进一步明确为是建设"中心城市核心区",并提出重点打造两大核心功能区的概念,从而将城市建设和产业发展重点落在了实处。产业方面,一是明确了越秀区应该形成的产业体系和产业格局:构建以总部经济为龙头,以服务业为主体,以创新为驱动,核心产业集聚发展的现代产业体系,形成以两大功能区为主导、"一带六区"

(东风路高端商务带和环市东智力总部区、黄花岗创意及网络经济区、流花时尚品牌运营区、北京路广府文化商贸旅游区、沿江路金融商务区、东山口休闲商业区)集聚发展的产业发展新格局。二是明确了重点发展的七大核心产业：商贸业、金融业、物流服务业、商务服务业、文化创意产业、信息服务业、公共服务业。具体措施有：强化总部经济优势地位，大力发展民营经济，加快专业市场转型升级，加速知识密集型服务业集聚，加强创新能力建设，与"十一五"规划中提出的"三促进一保持"相比，要具体、实在一些。越秀区的发展规划如图3.3、图3.4所示。

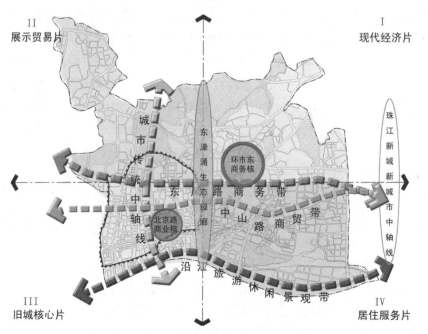

图 3.3 越秀区"一城、一轴、一廊、两核、三带、四片"的空间布局结构①

---

① 转引自《越秀区"十二五"规划城区发展规划篇》(最终稿)。

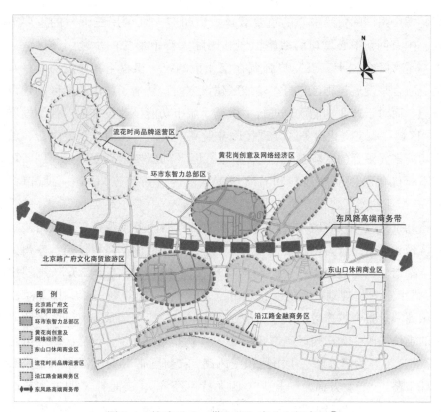

图 3.4 越秀区"一带六区"产业空间布局①

2015年,越秀区地区生产总值2695亿元人民币,较2010年增长52.7%,"十二五"期间年均增长率8.8%。总部经济创造的增加值继续增长,到2015年,占比达到48.7%(2010年为44.85%),略有提高。2015年,越秀区营业收入超100亿元人民币的商务楼宇有13栋,税收超过1亿元人民币的商务楼宇有45栋,全区共有重点商务楼宇356栋(它们创造的增加值和税收约占越秀区的6成)。

最新的"十三五"规划没有提出新的发展战略,主要是在前期基础上进一步推进,即强化"创新驱动、文化引领、商旅融合、金融强区、服务立区"的发展战略。发展目标更强调越秀区在广州市的地位和作用,从而将前期提出的现代化中心城区和中心城市核心区的概念进一步明确和细

---

① 转引自《广州市越秀区国民经济和社会发展第十二个五年规划纲要》,2011年6月,越府〔2011〕18号文。

化，即广州国际贸易中心的重要载体、广州"一江两岸三带"的重要节点、国家创新中心城市的战略枢纽和国际大都市形象的示范引领区。显然，越秀区在"十三五"更强调在广州市的统一棋盘下，通过协调、互动、融合来发展越秀区自身。功能区建设方面，新增了城市功能区的建设设想，而对于产业功能区也进行了微调。城市功能区建设方面，强调发展3个区域：中央文化商务区（现代服务业高端发展、文商旅深度融合、城市功能多元复合的区域）、创新发展先行区（创新要素高度集聚、创新环境不断优化的创新高地）和品质城市示范区（省市窗口和中心城市核心）。产业功能区建设方面，明确要重点打造"一核三带四区"。"一核"是指北京路文化核心区，"三带"分别为沿江路商务景观带、东风路楼宇经济带和环市路智力创新带，"四区"则分别是指黄花岗科技园、广州民间金融街、广州健康医疗中心和流花现代商务区。与"十二五"规划比较，"十三五"规划最大的变化是由"双核"变成了"一核"，即北京路文旅商圈是整个越秀区的"中心"或"核心"，其次是原东山口休闲商业区的定位被改变为广州健康医疗中心，再就是增加了"一带"，即环市路（原"三带"为沿江路、中山路和东风路；"新三带"为沿江路、东风路和环市路）。产业方面，一是抓"四大特色经济"，二是抓"四大主导产业"。四大特色经济的"抓法"分别是做强总部经济（国内外500强、跨国公司、华南地区及珠三角的总部企业）、做优楼宇经济（地标楼宇、智慧楼宇、特色楼宇）、做实平台经济（平台、基地、中心、院所）和做精网络经济（互联网+）。四大主导产业的提升重点：金融业是产业金融、民间金融和互联网金融，商贸业是传统商贸向现代商务转型升级（新型业态、新型物流、跨境电商、电子商务、线上加线下等），文化创意产业（骨干文化企业为支撑，创新创业基地为依托，与特色、支柱、新兴行业融合发展），健康医疗产业（建设广州健康医疗中心，链条化、集群化、高端化发展）。对于文化引领作用，"十三五"规划也明确了具体内容，即"一核五片区"：北京路文化核心区和创意文化区（黄花岗科技园和创意大道周边）、休闲文化区（星海音乐厅、图书馆、文化馆、美术馆、广府文化特色等）、生态文化区（麓湖、越秀山）、商贸文化区（专业市场改造）、传统文化区（中山纪念堂、三元宫、西汉水关遗址、光孝寺等）。

二、越秀区产业的突出特点：金融业和总部经济

在广州各区中，越秀区产业最突出的特点有二：一是第三产业比例最高，2014 年高达 97.96%，2015 年达到 97.98%，2016 年达到 98.19%；二是金融业发展突出，2014 年占比达 30.80%，2015 年越秀区金融业实现增加值 804.98 亿元，同比增长 12.4%，占全市金融业约 50%，居全市各区之首（如图 3.5、图 3.6 所示）。越秀区金融业集中了中国工商银行、中国银行和中国建设银行省级分行，广东本地的广发银行、广州银行的总部以及友邦保险公司广东分公司、中国人民财产保险公司广州分公司、华夏银行的广州分行、汇丰银行的广州分行、万联证券有限责任公司等银行和非银行金融机构的地区总部和各个不同的金融管理机构，发展金融的区位优势突出、明显。

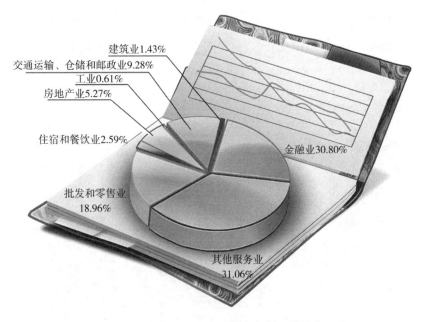

图 3.5 2014 年越秀区生产总值中各行业增加值比重

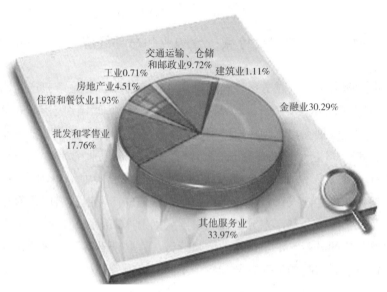

图 3.6　越秀区 2014 年和 2016 年的行业结构①

总部企业和总部经济，在越秀区的转型发展和结构升级过程中，重要性与日俱增，是越秀区发展经济最重要的抓手（如图 3.7 所示）。

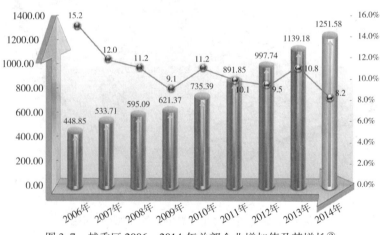

图 3.7　越秀区 2006—2014 年总部企业增加值及其增长②

---

① 资料来自越秀区统计局。
② 资料来自越秀区统计局。

三、越秀区产业升级路径的思考

从"十一五"到"十三五",越秀区对于产业升级路径,思路逐渐清晰,从升级理念到升级战略再到具体部署,既有一贯性,也有新突破。就全局而言,不断巩固、丰富、完善"广府文化源地、千年商都核心、公共服务中心"已成为核心理念和中心目标;"创新驱动、文化引领、商旅融合、金融强区、服务立区"的发展战略也基本定型;"一核三带四区"的打造、推进是区域发展重点,"四大特色经济"和"四大主导产业"是产业升级和发展的主要抓手。

从越秀区的产业升级路径看,既有值得借鉴的经验,也有可供吸取的教训。

(一)产业升级思路不是一朝一夕形成,需要不断调整

从越秀区的经验看,越秀区目前确定的目标、战略、区域重点和主要产业,在"十一五"和"十二五"时期,逐渐形成相应思路和框架,但要将概念、思路变得更加具体和可以操作,需要根据实际不断调整。就战略而言,原先提出的是"总部领先、文教先导、科技创新与和谐发展"这四大战略,后来调整为"文化引领、提升总部、创新驱动、共建共享"这新四大战略。就目标来看,原先提出的是:把越秀区建设成以"城市核心、文教名区、总部基地、千年商都、宜居城区"为特征的现代化中心城区;后来调整为:以总部经济为龙头,着力构建现代产业体系,重点打造越秀核心产业功能提升区和北京路广府文化商贸旅游区,进一步彰显"广府文化源地、千年商都核心、公共服务中心"的地位,努力建成经济发达、文化繁荣、环境友好、幸福祥和的国家中心城市核心区。在产业发展方面,"十一五"仅提出通过发展商务商贸,发展总部经济,到了"十二五"则提出:构建以总部经济为龙头,以服务业为主体,以创新为驱动,核心产业,集聚发展的现代产业体系,形成以两大功能区为主导、"一带六区"集聚发展的产业发展新格局;重点发展七大核心产业即商贸业、金融业、物流服务业、商务服务业、文化创意产业、信息服务业、公共服务业。在"十三五"规划中则明确要重点打造"一核三带四区",抓"四大特色经济"和"四大主导产业"。

(二) 产业升级伴随着城市功能升级，城市功能升级迫使产业升级

城市功能区是依托相应产业实现的，产业发展和升级也必须服务于城市功能进一步完善和优化的需要。越秀区要成为广州国际贸易中心的重要载体、广州"一江两岸三带"的重要节点、国家创新中心城市的战略枢纽和国际大都市形象的示范引领区，其产业发展和定位，就必须围绕这些城市功能的实现来开展和进行。具体体现在：城市功能区建设方面，强调发展三个区域：中央文化商务区（现代服务业高端发展、文商旅深度融合、城市功能多元复合的区域）、创新发展先行区（创新要素高度集聚、创新环境不断优化的创新高地）和品质城市示范区（省市窗口和中心城市核心）；产业功能区建设方面，明确要重点打造"一核三带四区"："一核"是指北京路文化核心区，"三带"分别为沿江路商务景观带、东风路楼宇经济带和环市路智力创新带，"四区"则分别是指黄花岗科技园、广州民间金融街、广州健康医疗中心和流花现代商务区。

(三) 突出重点，形成集聚，完善产业链

金融业和总部经济是越秀区产业升级的目标和抓手，金融业和总部经济发展的规模、速度和质量决定着越秀区产业升级的成败。

2011—2016 年，广州金融业增加值增长了 1.33 倍，居国内各大城市首位；2016 年，广州金融业增加值达 1800 亿元人民币，占广州市本地生产总值的 9.2%，已经超过房地产业，成为广州市本地生产总值中占第五位的支柱产业。2016 年，越秀区金融业增加值达 881.36 亿元人民币，占越秀区本地生产总值的 30.29%（远高于全市的 9.2%），占广州市金融业增加值的将近一半（达 48.95%）。金融业在越秀区四大主导产业中可谓一枝独秀。从产业增加值来看，在 2016 年越秀区本地生产总值中，金融业 30.29%，商贸业 19.69%，健康医疗产业 9.51%，文化产业 7.22%，显然，金融业在越秀区的产业地位相当突出。金融业在越秀区集聚发展，形成特有的产业链条和产业特色。

2016 年，广州民间金融街已经入驻的民间金融机构数量达到 243 家，金融街贡献的各项税收达到 6 亿元人民币。2016 年，越秀区互联网小贷公司达到 24 家，注册资本共计 43.5 亿元人民币（如图 3.8 所示）。越秀区的民间金融集聚，显然已有一定规模和特色。

第三章 广州产业升级的先行区 83

图 3.8 广州民间金融街①

在总部经济方面，2016 年，越秀区实现总部经济增加值达到 1432.58 亿元人民币，占越秀区当年本地生产总值的比例达到 49.24%，接近一半（如图 3.9 所示）。2016 年，越秀区总部经济发展基地已达到 10 个，广州市认定的总部企业达到 60 家，世界 500 强、中国 500 强地区总部或分支机构 65 家，提供税收超过亿元的楼宇有 52 栋，年营业收入在 100 亿元人民币以上的商务楼宇达到 13 栋。

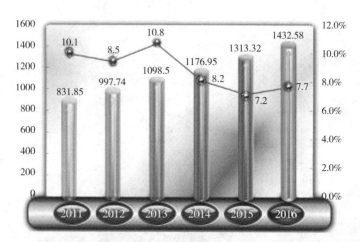

图 3.9 越秀区总部经济增加值及增长（2011—2016）②

---

① 引自 http://www.gzmjjrj.com/2014/0513/635.html。
② 引自越秀区统计资料。

第二节 荔湾区的产业升级路径

荔湾区的水陆面积为62.4平方公里（陆地面积59.1平方公里），常住人口共89.15万人。2014年，荔湾区地区生产总值940.33亿元；2015年，实现地区生产总值1011.9亿元；2016年，全区实现生产总值1080.76亿元（如图3.10所示），三次产业比例由2014年的0.5∶23.6∶75.9调整至2015年的0.5∶21.6∶77.9，进而调整至2016年的0.5∶19.8∶79.7，"退二进三"趋势明显，第三产业增长强劲。荔湾区与越秀区相比有明显差距（越秀区2016年的地区生产总值高达2909.32亿元人民币，土地面积仅33.8平方公里），其原因是荔湾区是原荔湾区与原芳村区合并而成，越秀区是原越秀区与原东山区合并，而原芳村区是相对发展滞后的一个区。

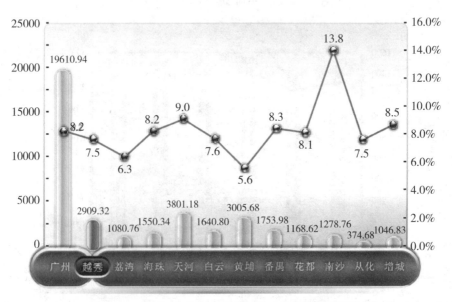

图3.10 2016年广州市及各区生产总值与增长率

广州市2016年各区经济发展水平，可从图3.11看出明显差异和差距。

图3.11　广州市2016年各区生产总值占全市的比重情况①

一、从"十一五"规划到"十三五"规划："一核三带八区"

根据荔湾区"十一五"规划，荔湾区与佛山市毗连，处在广佛都市圈的中心区域，是广州市实施"西联"战略的核心区。通过实施"商旅带动、产业升级、科教强区、环境优化"发展战略，到2010年，荔湾区将建设成为生态环境优美、空间布局合理、产业结构优化、西关文化凸显、适宜创业居住、全面和谐发展、充满活力、富有魅力的中心城区。荔湾区将在"西联"的基础上，优化"一街"（上下九步行街）、开发"两岸"（珠江两岸景观休闲带及商务区，重点发展现代服务业、现代商务商贸业和旅游观光、休闲娱乐业）、推进"三路"（中山七路、中山八路、康王路和花地大道现代商业商务带）、创新"四园"（高新科技产业园、留学生科技园、现代新型工业园和现代物流园区）、打造"八区"（西关民居民俗风情区、陈家祠文化休闲区、沙面欧陆风情旅游区、十三行商埠文化区、华林寺禅宗文化旅游区、花博园观光购物区、黄大仙祠综合旅游区、

---

① 资料来自越秀区统计局。

花地新城体育休闲区)、提升"十场"(医药、水产、塑料、服装鞋业、文化精品、家居建材、通信电子、茶叶、汽车、花卉及观赏鱼专业市场),以及白鹅潭风情酒吧街、华林玉器街、西关古玩城等一批特色专业街。在三大产业发展方面,明确了"三优":优先发展第三产业,优化发展第二产业,优质发展第一产业。第三产业方面,首先重视的是如何促进传统商贸业的升级发展:打造零售商圈,建设特色商业街,推进专业市场升级改造以及弘扬西关美食;其次是大力发展现代服务业:积极发展生产性服务业,培育发展创意产业和适度发展房地产业;再就是加快发展具有荔湾特色的旅游业。

根据荔湾区"十二五"规划,"十二五"时期是荔湾区建设白鹅潭经济圈,打造"广佛之心"的重要时期,是建设国际商贸中心、世界文化名城重要功能区的关键时期。未来5年,围绕打造"中调"战略示范区、广佛同城核心区、现代服务业集聚区、岭南文化展示区的发展定位,建设文化荔湾、低碳荔湾、智慧荔湾、幸福荔湾。战略方面,则提出实施"文化引领、商旅带动、产业转型、创新驱动、环境优化"的新战略。产业方面,提出需要"做强、开拓和培育"不同类型的产业,首先是做强"一江两圈三片":一江引领(打造荔湾区经济发展的核心轴和沿江经济带),两圈带动(聚焦发展白鹅潭经济圈,优化发展十三行商圈),三片集聚(做强东沙现代产业集聚区,做优大坦沙商务休闲区,做精海龙围生态乐居区);其次是开拓商务资源,发展高端服务业:提升商贸流通业(加快传统商贸流通业转型升级,整合提升专业市场,发展新兴商业业态),发展特色总部经济(在白鹅潭经济圈、康王路、中山七路、中山八路一带形成特色总部经济集聚发展的新格局),做大专业服务业(优先发展法律、会计、审计、评估、广告、房介、工程监理等专业服务业,加快发展管理咨询、营销策划、创意设计等新兴专业服务业,适度发展拍卖、代理、经纪、职介等一般性专业服务业,规范发展行业协会、同业工会等自律类专业服务业),开拓金融服务业(重点吸引地方商业银行在荔湾区设立总部及一级分支机构,推动金融机构及其总部的集聚,特别是非传统金融机构的集聚,引进和培育各类股权投资企业和股权管理企业等),发展文化休闲旅游业(以"五区一街"特色文化商业街区建设为载体,打造集特色购物、特色休闲服务和融岭南传统文化等都市时尚体验于一体的国际商贸旅游区),做强创意产业(以各具特色的创意产业园区和商务楼宇为依托,支持信义会馆、1850文化创意园、922宏信创意园、原创元素时尚创意设计产业园、广州设计港、广佛数字创意园等创意产业园区的发展，精心打造广州的珠江黄金西岸荔湾滨水创意产业带）；再就是培育产业集群，壮大新型工业：聚焦发展烟草制品业（以广东中烟广州生产基地建设为契机，把烟草制品业发展成为荔湾区工业的主体产业），大力发展新型工业（以推动广东塑料交易所上市为契机，推进物联网等战略性新兴产业发展；力争形成以服务光电产业为主，并集聚LED、LCD等较完整产业群的新兴高科技产业基地，把大坦沙岛发展成为广州光电产业"硅谷"；全力打造中华液晶城项目，建成全球重要的平板显示产品交易中心，逐步实现平板显示产业的"全球面板、广东交易、广州价格"的发展目标），培育发展低碳产业（率先在广州市建设低碳产业园区，引进LED照明、光伏设备应用等绿色项目）。

根据荔湾区"十三五"规划，原"十二五"规划的"一江两圈三片"产业布局，最终形成的是"两圈、两带、三片"的产业发展新格局："两圈"即"十二五"规划确立的白鹅潭经济圈和十三行商圈；"两带"即沿江2.8公里的珠江西岸文化创意产业带和以电子商务、创意产业为重点的花地河经济带；"三片"即东沙现代产业集聚区，大坦沙商务休闲风情岛以及以花卉产业为主导的海龙围生态乐居区。从发展空间看形成了三大板块：现代板块（白鹅潭商圈，即珠江南岸的原芳村城区部分和大坦沙岛）、传统板块（岭南风景区，即珠江北岸的原荔湾老城区）和自然板块（芳村花地生态城，即珠江南岸的"芳村花地"部分）。如图3.12所示。

基于这些新认识，"十三五"规划提出以白鹅潭经济圈建设为重要增长极，全面推进"传统、现代、自然"三大板块建设，优化完善"一核三带八区"产业空间布局，加快构建"1+3+N"① 层次分明、互促共融的区域特色产业体系，从而形成"一带两轴三板块"② 的城市空间格局（如图3.13所示）。

---

① "1+3+N"产业体系：以1个带头型产业——总部经济为引领，以现代商贸、电子商务、文化创意三大主导产业为支撑，若干个衍生、辅助产业（如金融、商务、科技服务、住宿餐饮、医疗、教育等）为配套的区域生态化产业体系。

② "一带"：珠江经济、创新、景观带，"两轴"：中山八路－黄岐发展轴和花地大道发展轴，"三板块"：传统、现代、自然"三大板块。

88　番禺区产业升级路径研究

图 3.12　荔湾区的"三大板块"①

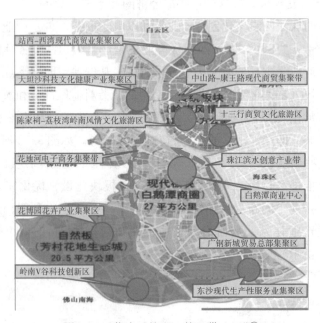

图 3.13　荔湾区的"一核三带八区"②

---

①　转引自《广州市荔湾区国民经济和社会发展第十三个五年规划纲要》。
②　转引自《广州市荔湾区国民经济和社会发展第十三个五年规划纲要》。

二、荔湾区产业升级的经验

荔湾区政府对于产业转型升级，规划引导，适时调整，凝练发展思路，重点推进，扎实做好各项产业升级工作。

第一，升级改造传统专业市场，设立专业市场转型升级试验区。2005年开始，荔湾区就积极谋划如何优化、提升中药材、水产、塑料、服装鞋业、文化精品、古玩、玉器、家具建材、通信器材、茶叶、汽车、花卉及观赏鱼等传统专业市场，使其由传统贸易（现金、现货、现场交易）向展贸型现代交易（货物集散中心、价格形成中心、信息交流共享中心、统一结算中心和全球采购中心等）转型升级，重点强化专业市场的设计研发、检验检测、产品发布、展贸办公、品牌展示、信息沟通、价格发布等功能，外迁配套的仓储物流，实现交易、展示与仓储、物流的物理空间的分离，专业市场自身逐渐发展成为集现货、订单、内销、外销、电商等多种销售渠道于一身的大型商业综合体，将小商品集散地转型成为时尚体验中心和品牌孵化地。

第二，推进城市更新，在保护的前提下改造历史街区，推出众多微改造项目，推进和发展文化创意产业。2017年，荔湾区正努力通过文化景观的提升、旧城改造和产业升级等措施，推动、带动并促动特色商圈实现转型升级，历史街区进一步活化利用，进而实现文化、商业、旅游、休闲、观光等的融合发展。2017年，荔湾也将加快完成40个纳入广州市城市更新年度计划的社区微改造项目，改造北片旧城慢行步道，串联上下九、恩宁路、荔枝湾、泮塘五约等文化景观节点；同时，加快推进西关泮塘"七园五馆"等项目①。

第三，以"三大平台"为抓手和载体，开创产业发展新格局，重点吸引国内外实力强劲的企业落户、落地，建设功能互补、产业集聚、协调共生的高附加值的产业社区和新兴产业区。"三大平台"主要是白鹅潭中心商务区、国际科技创新区和传统文化商旅活化提升区。截至2017年3月，已有中民投、安信信托、中国城投集团、新世界中国地产、招商蛇口、招商银行、招商证券、逸合投资等大型企业与荔湾区政府初步达成落户投资

---

① 参见何涛《今年荔湾将加快完成40个社区微改造项目》，大洋网2017年4月7日。

的意向，涉及建设区域金融中心、企业总部大楼、基金、融资租赁、健康医疗、产业园区等多方面的合作。2016年，荔湾的高新技术企业由44家增至113家，增长1.6倍；2016年，新增新三板挂牌企业6家，新增广州股权交易中心挂牌企业34家[①]。

第四，重点突出科技金融、医药健康、电子商务、文化创意等核心产业及关键领域招商，发挥龙头企业的领袖作用，由其带动、促进上下游关联企业形成分工协作的产业链条和网络，提升产业集群化发展水平，构筑一个或多个集合设计研发、创新服务、装备制造、教育培训、检验检测、资源共享等功能为一体的现代产业服务区。而对于立足传统、根基深厚的传统产业，则加强其与现代科技产业、现代服务业和文化创意产业的互动链接，通过关键领域、核心环节的重点招商和引智，聚集高级要素和高端资源，将其转型成为现代产业综合服务平台，成为现代产业发展载体。因此，荔湾区有望在将来成为珠江西岸"六市一区"先进装备制造产业带的主要服务中心和创新中心。

第五，加强"广佛"合作，共同、联合升级。荔湾区属于广州"西联战略"和"广佛同城化发展"的核心区域，也是"广佛肇经济圈"产业转移升级的聚焦区和珠江前后航道的商业、生态等功能的交汇混合区域。荔湾区与佛山市南海区在人才交流、经济发展和城市更新等多个领域展开了深入合作：广佛数字创意园已经被认定为国家级的科技企业孵化器，极力打造和精心规划发展的"广佛同城"产业发展地带的"岭南V谷·广佛产业合作科技园"也已经在2016年的12月动工建设。2016年底，广州市规委会已经审议通过了《荔湾区五眼桥区域控制性详细规划修改》，荔湾区五眼桥区域将规划建设成为"广佛同城"的一体化建设的示范区，"广佛同城"将由设施同城、经济同城，一步步迈向生活同城。

第三节 天河区的产业升级路径

1985年5月24日，经国务院批准，在广州市正式设立了天河区。天河区原来位于广州市东部的郊区，逐渐发展成为广州市新的中心市区（区

[①] 参见王智汛《多个大型企业达成落户投资意向》，《信息时报》2017年3月29日。

别于荔湾、越秀、东山、海珠等广州市的老市区，也区别于一些新的市区，如白云、黄埔和广佛接合部的芳村）。刚设区时，天河区的辖区土地面积是102.5平方公里（比现在少约35平方公里），人口仅有20.04万，城市建成区的面积更是不足20平方公里，到处是农田、村庄，是典型的城乡结合部。天河区向南拓展，就是海珠区、番禺区和南沙区。从郊区到中心城区，从城乡结合部到都市新区，天河的都市化建设和产业发展，对于番禺区的借鉴意义更大。

根据暨南大学经济发展研究中心课题组（2005）的研究，天河区的城市经济发展大致经历了三个阶段[①]。

第一阶段：从城乡结合部向城市新区转变阶段（1985—1990年）。天河建区当年（1985年），全区国内生产总值（GDP）仅1.14亿元，三次产业比例为35.76∶26.56∶37.74，第一产业超过第二产业将近10个百分点。农业的高比例反映了天河区初建区时是一个农业经济区域。1990年，天河区的GDP为3.98亿元，比建区时的1985年增加2.48倍，三次产业的比例则调整为22.46∶44.54∶33.20，第一产业所占比例明显下降（比第二产业低了20多个百分点），第三产业比重略有下降，唯有第二产业所占比例大幅上升，反映了天河区经济已从以农为主转向以工为主，工业化进程明显加快，工业化经济水平迅速提升。所以，该阶段实际上是工业化为主的阶段。

第二阶段：从城市新区向城市中心区转变阶段（1991年至2000年）。从1991年至2000年，天河区GDP从6.12亿元增加到89.17亿元，增长了13.6倍，平均年增长率为34.67%。1991年，天河区提出"三二一"经济发展战略，即优先发展第三产业，把第三产业作为重点来抓。1993年，三次产业的"三二一"格局开始形成。至2000年，三次产业结构从1991年的14.16∶45.80∶40.03提升为1.32∶34.53∶64.15，第三产业产值从2.46亿元增加到57.20亿元，增长了23倍。总的产业格局是，第一产业急剧下降（2000年时仅占1.32%），第二产业稳步下降（10年降了接近10个百分点），第三产业比例急升（10年提高了将近25个百分点）。所以，天河区从20世纪80年代的工业化阶段迅速过渡到了90年代的经

---

① 参见暨南大学经济发展研究中心课题组《天河区建设现代化大都市中心区的目标定位与产业发展策略研究》，2005年5月10日。

济服务化阶段。

第三阶段：从城市中心区向现代化大都市中心区发展（2001年至今）。到2004年，天河区的辖区面积已经从建区初期的102.5平方公里扩展到144.77平方公里，增幅超过40%；人口从20.04万人增加到110.93万，增加4.54倍；城市建成区面积从不足20平方公里扩大到超过80平方公里，增加了3倍以上。经过20年的发展，天河区的城市功能形态也发生了巨大改变，由建区初的农产品及初级工业品的贸易地职能，过渡到工业品的加工职能，再到现在的信息、资金集散职能，总部经济管理职能，商贸业服务职能和文化教育职能，成为广州的信息中心、金融中心、文化中心。

2015年，天河区的土地面积为137.38平方公里，常住人口154.57万人。2014年，天河区地区生产总值3109.71亿元；2015年，实现地区生产总值3438.65亿元；2016年，全区实现生产总值3801.18亿元，三次产业比例由2015年的0.04∶12.13∶87.83调整至2016年的0.03∶11.17∶88.80，2014—2016年的本地生产总值年增长率分别达到8.9%、8.8%和9.0%，经济增长能力很强，依然保持较高速度，"十二五"时期的年均增速则达10.7%。就经济规模看，2016年，天河区经济总量约占广州市的1/5，而经济增速也仅次于国家级新区——南沙，天河区的经济活力明显突出。

一、天河区产业结构变化

（一）第三产业占比很高，且还有提高趋势

发展到2015年、2016年，天河区的第三产业增加值占比已分别高达87.83%和88.80%（2005年、2006年分别为80.75%、79.6%），第三产业为主的产业结构已经相当显著，第三产业更是呈现不断强化和提升的态势，从而表明天河区发展第三产业的优势明显。2016年，天河区的第三产业占比虽低于越秀区的98.19%，略高于海珠区的86.5%，却明显高于荔湾区的79.7%，也远高于番禺区的63.2%。天河区早在1991年就已经提出优先发展第三产业，要引导形成"三二一"的产业结构。而事实上，天河区自1993年起，第三产业比重一路提升，第一产业比重降至微乎其

微，第二产业比重也逐渐降至接近10%（如图3.14所示）。从图3.15，可明显看出，天河区在近几年的经济增长中，第三产业增加值的规模，上升最快，从2011年的1852亿元，增加到2016年的3801亿元。

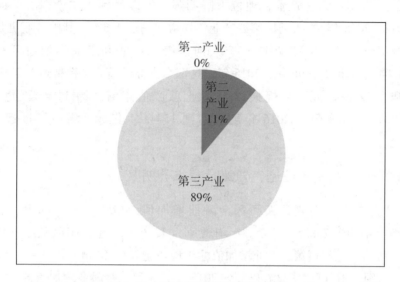

图3.14　2016年的天河区产业结构

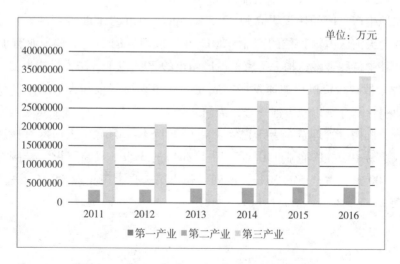

图3.15　天河区2011—2016年三大产业发展比较

（二）第二产业比重虽持续下降，但仍保持一定规模和增长

2000年，天河区第二产业比重约为35%，到2016年已经降至11%，第二产业相对第三产业，地位下降明显。但即使到了"十二五"时期（2011—2015年），天河区第二产业年均增速仍达9.6%，其中工业更是高达两位数（10.3%）。2011年，天河区第二产业和工业增加值分别为313.04亿元和257.96亿，2015年，这两个指标已经分别提高到417.12亿元和346.66亿元。从规模以上工业总产值来看，2011年天河区为1038.46亿元，到了2016年已经达到1534.84亿元，增加了接近500亿元。

（三）金融业发展迅速，产业地位上升明显

"十二五"时期，天河区金融业增加值，2011年为305.36亿元，2015年增加到768.53亿元，年均增速为13.6%，超过GDP的年均增速（10.7%），也超过第三产业增加值的年均增速（11.0%）。

从图3.16可以明显看出，到2015年，天河区金融业增加值占比达到22%，几乎等于天河区批发和零售业占比（13%）与工业占比（10%）之和。到2016年，天河区金融增加值再进一步，达853.6亿元，占天河区本地生产总值的比重提高到22.5%，占广州市的比重达47.4%，金融业成为天河区占第一位的产业。2016年，天河区的各类金融企业有1168家，其中持牌金融机构197家，占广州市的70%以上，法人机构也已经有26家。股权投资机构加速发展，成立了广州天河基金和天河战略性新兴产业引导基金，以及天河一号、天河二号创投子基金，引进了500多家股权投资机构，管理资金上千亿元。截至2017年1月底，天河区有在广州股权交易中心挂牌企业1101家，占广州市的37%，"新三板"挂牌企业突破100家，占全市的30%，位列广州市第一，上市企业33家，占全市的25%[①]。

---

① 参见广州市金融局资本处《天河区举办"新三板"挂牌企业突破百家专场活动》，广州金融网2017年3月2日。

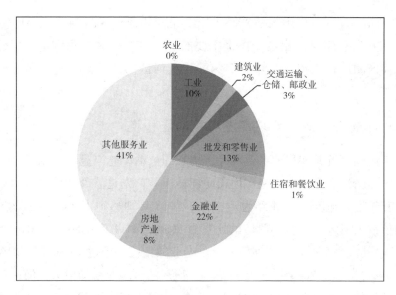

图 3.16　2015 年天河区产业构成

二、天河区产业升级的经验

天河区作为 1985 年才从城乡结合部的郊区新建起来的一个区，其发展具有明显的跨越式特征。适合郊区发展的低端产业和低附加值产业，只在 20 世纪 80 年代以加工组装为主要模式的工业化时期有所增长和发展，但很快在 90 年代初中期，随着"优先发展第三产业"思路的确立，"退二进三"的产业发展模式就持续强化，难以逆转。天河区的产业升级经验，主要有以下几点。

（一）产业高端化

低端的加工组装产业和低附加值的第一产业，天河区意识得早，放弃得也早，引进、培育和发展高端产业，是天河区一直以来的着重点。天河区出台了一系列政策，重点奖励总部经济和高端服务业企业，协助相关企业争取各类扶持资金，通过政策引导高端产业项目落地生根。而抓好抓实高端载体建设（如高端写字楼）和高端项目服务（如现代商贸、专业服务、科技服务、文化创意等高端服务业项目），被天河区政府列为重点要抓的重要事项。从地均 GDP 看，2016 年，天河区每平方公里 GDP 产出为

27.7亿元,深圳市南山区是20.5亿元,北京市海淀区为11.6亿元,天河区每平方公里GDP产出在全国最主要的三大科技强区(深圳南山区、北京海淀区和广州天河区)中排名第一,天河区的产业高端化发展,成效显著①。

(二) 抓新兴产业,实现经济增长动能转换

工业、商贸业和房地产业对经济增长的拉动,越来越力不从心。天河区通过抓新兴产业,实现经济增长动能转换。首先是软件和信息技术服务业,其年增长速度,2014年为14.3%,2016年则达到了25.4%,该产业增加值占天河区本地生产总值的比重由2014年的4.7%提高到2016年的7.3%。其次是金融业,天河区的金融企业数量已经超过1000家,2016年已有1168家,比2014年增长43%。天河区的金融业增加值占天河区本地生产总值的比重也从2014年的14.3%提高到2016年的22.5%,占广州市金融业增加值的比例也从35.9%提高到了47.4%,将近广州市的一半。此外,新能源与节能环保、生物工程、健康服务、文化创意、总集成总承包、跨境电子商务、融资租赁、智能装备和机器人研发设计等新兴产业和新兴业态,也将成为天河区今后产业发展的新热点。

(三) 重点支持创新科技

2016年,天河区新通过认定的国家高新技术企业达到了982家,累计已有1404家,占全广州市的近1/3(为29.8%)。天河区新增的在"新三板"挂牌企业有64家,使天河区在"新三板"挂牌企业数达到了97家,占全广州市的31.8%。2016年,天河区新增的市一级以上的众创空间数量达到了34家,总数已经有45家,占全广州市的40.2%。2016年,天河区新增加的市级以上科技企业孵化器是20家,总量达到了49家,占全广州市的26%。2016年一年的发明专利申请量近万件(9659件),年增长率达82%,占全广州市发明专利申请量的30%。天河区2016年实施的"1+1+8"产业扶持和科技创新系列政策,在继续支持高端产业、重点企业落户发展的同时,对于创新创业方面更是形成了一系列实实在在、含金

---

① 参见昌道励、傅鹏《天河:全球高端要素加速集聚 经济大区迈向创新强区》,广州《国际投资年会》特刊,载于《南方日报》2017年3月28日。

量高的政策。比如，对创业领军人才，最高扶持500万元；对重点企业，最高奖励200万元；对企业上市最高奖励200万元；对改造为创业园区的旧厂房，最高奖励200万元；对认定的创新平台，最高奖励30万元；对认定的孵化器，最高补贴40万元；对创业孵化、路演等服务，最高补贴50万元；对创新创业大赛，最高支持100万元办赛经费，并设立近200万元的项目奖励①。2017年，天河区力争新增高新技术企业、科技创新小巨人企业各超过200家，力争全区发明专利申请量达到1万件，力争每年在天河落户转化的高校创新项目超过20个。天河"互联网+"小镇今年将培育2~3个"互联网+"新兴产业集群，3年内小镇或达千亿级产业聚集规模②。

（四）大力发展总部经济

截至2016年年底，已有160家世界500强在天河投资218个项目，占广州市55.6%。广州市认定的总部企业达111家，占广州市30%。天河中央商务区集聚了国际四大会计师事务所、五大地产行、全市70%的金融机构、人力资源服务、服务外包等机构，服务辐射亚太地区，国际化营商环境优越。天河中央商务区辖内有甲级写字楼118栋，面积超1250万平方米，其中营业收入超10亿元、税收超1亿元的楼宇48栋，税收超10亿元的楼宇15栋。广州国际金融城位于珠江北岸的员村地区，是广州建设区域金融中心的核心载体和第二中央商务区的核心区，总规划面积8平方公里，起步区1.32平方公里。天河智慧城位于岑村—高唐地区，规划面积63平方公里，核心区20.7平方公里已完成控规编制。园区集聚形成了移动互联网、电子商务、物联网、大数据等八大产业集群，现有中移互联网、中移动南方基地、网易、佳都、酷狗等科技企业1800多家③。

---

① 参见昌道励、傅鹏《天河：全球高端要素加速集聚 经济大区迈向创新强区》，广州《国际投资年会》特刊，载于《南方日报》2017年3月28日。

② 参见张东方《南山、天河GDP齐破3800亿！广东经济第一区之争谁是赢家？》，《南方日报》2017年2月24日。

③ 参见昌道励、傅鹏《天河：全球高端要素加速集聚 经济大区迈向创新强区》，广州《国际投资年会》特刊，载于《南方日报》2017年3月28日。

第四章　番禺区产业升级路径及政策研究

1988年8月，历经3年建设的洛溪大桥正式通车。洛溪大桥正式通车前，从广州市区开车到番禺市桥，要换乘两次轮渡，每次的等候和上落时间大约半个小时。因此，去市桥快则3个小时，多则半天。洛溪大桥的建成，使广州往返番禺的交通更便捷，迅速拉近了两地之间的距离，番禺开始融入广州，广州开始渗透番禺[1]。到2000年5月21日，经国务院批复同意，正式撤销原由广州市代管的区县级番禺市和花都市，分别设立广州市番禺区和花都区，广州市的辖区面积从原先的1443.6平方公里一下增加到3718.5平方公里。自此之后，广州市也得以真正迈出"南拓"的步伐，番禺也自此自觉、主动融入广州市全局发展进程之中，依据广州市的统一规划发展。2000年，番禺撤市设区。这不是一个简单的行政区划的调整和番禺行政名称的改变，这是番禺开始新一轮新格局的城市化、都市化进程的重要转折点。同年，广州明确定下的"南拓北优，东进西联"的八字建城新方针，对于番禺和广州都具有划时代的意义。其实，设区之初，广州市规划部门就给了番禺明确的发展定位：将番禺打造成广州现代化大都市新中心城区[2]。2011年11月，番禺区就被整体纳入广州都会区，真正成为广州国际都会区的核心区域，角色定位实现历史性的提升。广州的"123"规划提出的"1个都会区、2个新城区、3个副中心"的城市功能定位，番禺区是都会区重要的一部分。因此，在广州"1个都会区、2个新城区、3个副中心"的城市空间功能规划上，将东涌、大岗、榄核三镇划入南沙区后的番禺区域就全部划归"1个都会区"之中了。都会区之中有三个不同层次的区域，其中越秀、荔湾、海珠、天河等属于传统核心

---

[1] 参见梁栋贤《番禺：变迁，早在设区前已经开始》，《羊城晚报》2015年8月21日。
[2] 参见谭亦芳等《广州南拓番禺起航 设区5年初显新中心城区框架》，《南方日报》2005年7月25日。

区;黄埔区、白云区南部、番禺区北部等为提升区域,应提升专业化职能;白云区北部、萝岗区南部和番禺区南部属于完善与培育区域,应重点完善城市公共服务职能,培育专业市场和仓储物流功能的发展①。与番禺区都市化和国家中心城市化相适应,番禺区的产业必然面临质的转变和升级。

实际上,番禺区以 2006 年为分界线,其三次产业结构出现最重要的变化,第三产业增加值先是在 2006 年超过工业增加值,而后在 2007 年又第一次超越第二产业增加值,成为番禺最重要的产业,番禺区产业向服务业转型,在提速提质中迅速跃进。2006—2016 年,番禺区产业发展的新 10 年,是番禺区经济向服务化快速推进的 10 年,是番禺区由工业化向城市化、都市化发展不断跃升的 10 年。尽管如此,番禺区的制造业仍是重要产业,是番禺区产业创新和现代服务业发展的重要基石。

第一节 番禺区产业发展现状

一、番禺区产业结构及其特点

(一) 第三产业持续增长,第二产业重新发力,制造业退出时机未到

2007 年前,第二产业虽是番禺本地生产总值中比例最高的产业,但在番禺撤市设区的 2000 年起,第三产业发展就在加速,第二产业(主要是工业)也在同步发展;直到 2007 年,番禺区第三产业不仅追赶上来,而且与第二产业的差距越来越大。2000 年,番禺第二产业、第三产业增加值分别约为 155 亿元和 100 亿元,第二产业高出第三产业 55 亿元。2007 年,两个指标分别为 309 亿元和 320 亿元,第二产业已经低于第三产业 11 亿元。不过,到了 2016 年,两个指标分别为 619 亿元和 1109 亿元,第二产业已经低于第三产业 490 亿元(只相当于第三产业的 56%)。所以,番禺自设区以来经济增长最迅猛、持续能力最强的就是第三产业。

---

① 参见刘怀宇《番禺整体划入都会区》,《南方日报》2012 年 12 月 26 日。

不过，2015年和2016年，番禺区第二产业增长速度明显提高，分别为8.8%和11.9%，超过同期的第三产业增长速度（同期第三产业增速分别为8.5%和6.6%）。由此可见，番禺区产业发展是第二产业、第三产业并进的结构，制造业逐渐退出或淡出的时机仍没有来到。从图4.1也可看出，番禺区的工业增加值始终保持一种增长态势，从1995年的约77亿元增长到2005年的约274亿元，再增长到2016年的约529亿元。番禺区作为广州新建区，虽不能与1985年就建区的天河区相提并论，但在经济增长和产业发展上，还是显示出一些共性，也就是第三产业发展最具优势，发展也最快，在GDP中的占比提升很快；但与此同时，第二产业，尤其是工业并没有陷入衰退，依然对于本区域的经济增长持续发挥着支撑和拉动作用，"退二进三"更多反映在GDP的产值比例上，而不是第三产业一枝独秀，这一点，番禺区与新加坡、深圳、广州的天河区更相似，与广州的越秀区、荔湾区差别较大。

从图4.1可明显看出，2005—2014年，番禺区第二产业有所增长，而且在2009—2012年间，第二产业的增长一度还能与第三产业并驾齐驱，但2013年之后，第二产业增长开始遇到瓶颈，唯有第三产业一路前行，引领番禺区经济持续增长。

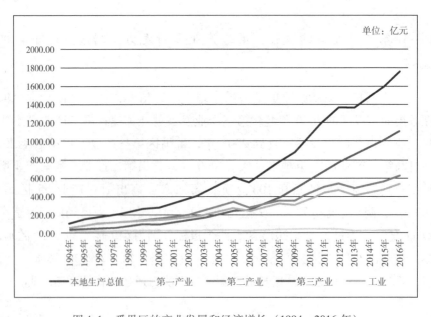

图4.1 番禺区的产业发展和经济增长（1994—2016年）

(二) 三次产业结构,以第三产业为主态势不可逆转

直到2005年,番禺区的三次产业结构,第二产业增加值占比仍在一半以上(55%),第三产业增加值占比还只有39%。2010年,番禺区第二产业与第三产业增加值的占比,则与2005年的占比调转了,第二产业增加值占比跌至41%,第三产业增加值占比升至55%。2014年,第三产业增加值占比进一步升至63%,第二产业增加值占比则跌至35%的历史低点。2015年和2016年,这种第三产业增加值(63%)和第二产业增加值(35%)的这个结构没有怎么变化,第三产业增加值占比2015年为63.5%,2016年为63.2%。图4.2分别选取了1995年、2000年、2010年和2016年番禺区的产业结构,由此可清晰看出番禺区产业结构的变化特点:第三产业增加值比重持续上升,其占据第一的地位无法撼动。

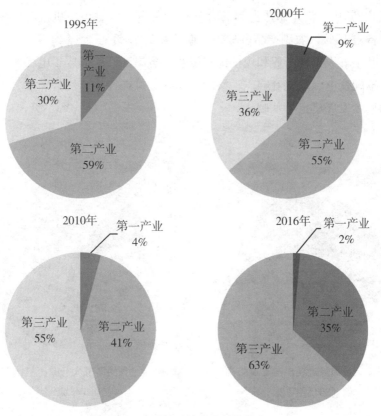

图4.2 番禺区的产业结构演变

(三) 工业中, 五大支柱产业优势明显, 汽车制造业一枝独秀

番禺区的五大支柱工业产业分别是通用设备制造业 (电梯配件制造为主), 电气机械制造业 (输配电、线缆、照明器具、电池等), 汽车制造业 (化龙镇广汽基地), 计算机、通信和其他电子设备制造业, 金属制品制造业。这五大工业支柱产业占了番禺区规模以上工业总产值的半壁江山, 2014 年的占比为 51.28%; 2015 年, 五大行业完成工业总产值 991.19 亿元, 同比增长 8.1%, 占规模以上工业总产值的 56.7%。年规模以上工业中, 汽车制造业、通用设备业、电气机械业、通信设备业、农副食品业五大行业完成工业总产值 1194.16 亿元, 同比增长 20.3%, 占规模以上工业总产值的 60.6%。其中, 汽车制造业产值 367.05 亿元, 同比增长 95.4%。

2016 年, 番禺区规模以上工业中, 五大行业产值占比 61% (如图 4.3 所示), 其中, 汽车制造占 31%, 通用设备占 26%, 电气机械占 24%, 通信设备占 10%, 农副产品占 9% (如图 4.4 所示)。

基于五大支柱产业和规模优势工业, 番禺区已经形成了电梯及关联产品、输配变电、灯光音响、动漫游戏、珠宝首饰等传统优势产业, 为番禺区的后续发展奠定了基础。

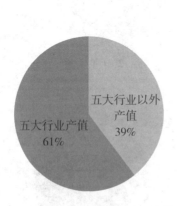

图 4.3 番禺区规模以上工业结构 (2016 年)

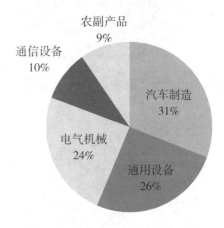

图 4.4 番禺区五大行业产值比例 (2016 年)

工业中，汽车制造业一枝独秀，增长迅猛。2013—2015 年，番禺区汽车制造业产值分别为 100.87 亿、129.69 亿和 183.56 亿，增速分别达到 115%、31.5% 和 44.6%。2016 年上半年，广汽乘用车保持高速增长，生产整车 15.93 万辆，增长 154.1%，带动汽车制造业产值实现 158.55 亿元，增长 122.4%。

二、番禺区各镇（街）产业结构及其特点

从 2014 年番禺区各镇（街）本地生产总值看，市桥街一枝独秀，达 171.29 亿元人民币，其次是大龙街、大石街和南村镇；也都是本地生产总值超百亿的镇（街）。到了 2015 年，大石街崛起较快，达到 170.94 亿元，仅次于市桥街的 185.79 亿元，钟村街也首次突破 100 亿元大关，达到 105.01 亿元。从而，番禺区有 5 个镇（街）的本地生产总值在 100 亿元以上，分别是市桥街、大石街、大龙街、南村镇和钟村街。到 2016 年，市桥街本地生产总值已突破 200 亿元，100 亿以上的还有：大石街，189 亿元；大龙街，160 亿元；南村镇，153 亿元；化龙镇，108 亿元（如图 4.5 所示）。

番禺区各镇（街）本地生产总值差异较大，其产业结构也是各有不同。

从 2016 年番禺区各镇（街）第一产业占全区比例看，石楼镇占比最

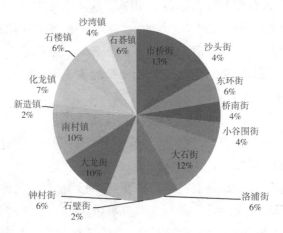

图 4.5　各镇（街）本地生产总值占番禺区比重（2016 年）

高，达 42%，其次是石碁镇、化龙镇和沙湾镇，这 4 个镇的第一产业占比合计占全区的 77%（如图 4.6 所示）。也就是说，2016 年，番禺区 16 个镇（街）中，农业重镇仅剩 4 个，3 个位于番禺区东部（石楼、石碁和化龙三镇，占全区的 71%），1 个位于番禺区西部（沙湾镇，农业增加值仅占全区的 6%），而番禺区中部的 12 个镇（街）的农业增加值仅占全区的 23%。

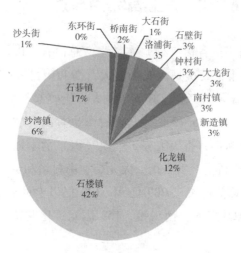

图 4.6　番禺区各镇（街）第一产业占全区比重（2016 年）

2016 年，第二产业增加值占比比较高的镇街分别为：化龙镇 14%，大龙街 13%，大石街 12%，南村镇 10%。这 4 个镇街的第二产业增加值占了全区的将近一半（如图 4.7 所示）。工业增加值占比比较高的镇街分别是：化龙镇 16%，大龙街 14%，大石街 13%，南村镇、石楼镇、石碁镇、沙头街、钟村街各占 7%，这 8 个镇街的工业增加值占了全区的 78%（如图 4.8 所示）。

2016 年，第三产业增加值占比排在前面的镇街分别是：市桥街 19%，大石街 12%，南村镇 9%，大龙街 8%，洛浦街 7%，钟村街、小谷围、东环街各占 6%（如图 4.9 所示）。

如果从 2015 年数据来看，番禺区第三产业增加值排名前列的镇（街）是市桥街（173.53 亿元）、大石街（108.01 亿元）、南村镇（89.19 亿元）、大龙街（76.20 亿元）和洛浦街（71.97 亿元），而工业增加值排名

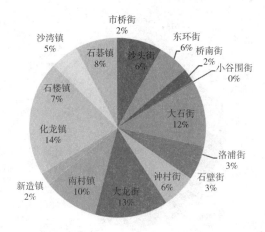

图 4.7 各镇（街）第二产业占番禺区比重（2016 年）

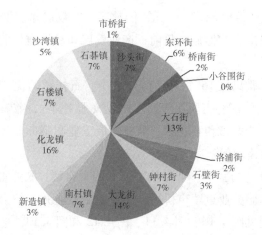

图 4.8 各镇（街）工业在全区本地生产总值中的比重（2016 年）

前列的镇（街）是化龙镇（66.02 亿元）、大龙街（61.32 亿元）、大石街（58.93 亿元）、南村镇（48.40 亿元）、钟村街（42.30 亿元），第一产业增加值排名前列的则是石楼镇（10.54 亿元）、石碁镇（3.98 亿元）、化龙镇（3.28 亿元）、沙湾镇（2.02 亿元）和钟村街（1.11 亿元）。在番禺区，本地生产总值排名前列的镇（街），除了市桥街、洛浦街外，第三产业、第二产业并进发展的态势明显，而市桥街、洛浦街的确到了"退二进三""三产跃进"的发展阶段。在番禺各镇（街）中，小谷围街（2015年本地生产总值 53.36 亿元，倒数第三）是广州大学城所在地，石壁街

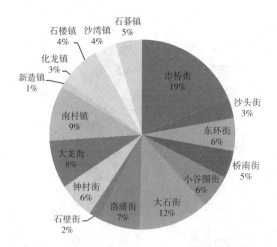

图 4.9　各镇（街）第三产业在番禺区本地生产总值中的比重（2016 年）

（2015 年本地生产总值 35.23 亿元，倒数第二，仅高于新造镇）是广州南站所在地，深具潜力，但截至目前，产业发展和经济增长的潜力并没有转化为现实。

总体而言，番禺区 16 个镇（街）之中，石楼镇的优势在于第一产业（农业），市桥街的优势主要在于第三产业（服务业），兼有发展工业和农业优势的主要是化龙镇和石碁镇，兼有发展工业和服务业优势的主要是大石街、大龙街和南村镇。

番禺区各镇（街）的产业结构主要有四个典型：农业重镇石楼镇，工业重镇化龙镇，服务业重镇市桥街，工业、服务业并重的大石街等，其产业结构特点分别见图 4.10、图 4.11、图 4.12 和图 4.13。

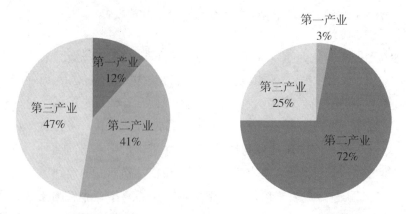

图 4.10　石楼镇的产业结构（2016）　　图 4.11　工业重镇化龙镇的产业结构（2016）

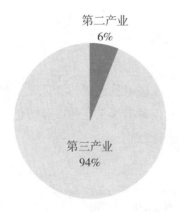 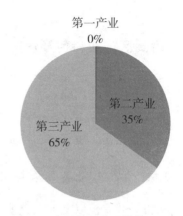

图 4.12　服务业重镇市桥街的产业结构（2016）　　图 4.13　大石街的产业结构（2016）

农业重镇石楼镇，其产业结构的发展路向有三个：一是第三产业加速发展，走服务化产业升级路径；二是第二产业加速发展，走工业强镇发展道路；再就是第三条产业升级路径，第二、三产业并重，共同推进石楼镇经济和产业发展。

对于工业重镇化龙镇，第二产业推进快、占比高，2016 年第二产业增加值占比高达 72%，通过发展工业（主要是汽车制造）来强镇的路径十分明显，但也反映其第三产业发展的严重滞后，围绕汽车制造的集群化发展优势，联动发展第三产业，对于化龙镇至关重要。

而对于服务业重镇市桥街，第二产业占比已经在个位数，显得微乎其微，第三产业是占绝对优势的主要产业，产业升级将重点放在第三产业的进一步提量提质，产业发展的高端化方面。

对于工业、服务业并重的大石街而言，农业势必衰落，但第二产业、第三产业的发展将更为均衡，第三产业的占比会越来越高，继续下去，大石街的产业结构将更类似市桥街；而对于工业重镇化龙，其产业结构将更加趋向现在的大石街，在继续维持和推进工业发展的同时，加快补上第三产业的短板。

就番禺区的实际看，第三产业为主、二三产并重的镇（街）是主流，市桥街的产业结构还是凤毛麟角的少数。

三、番禺区产业特色及优势

番禺区的工业产业，概括而言是五大行业；但番禺区的特色产业和优势并非仅仅局限于工业中的五大行业。当然，番禺区工业的产业特色，的确使其具有相当历史传统和行业品牌优势的特色。

（一）番禺区主要工业及其变化

从番禺区规模以上工业企业总产值来看，2015年相较于2010年是有所变化的。

番禺区规模以上工业企业总产值，2010年与2015年相比较，主要行业上升的有3个：通用设备制造业，汽车制造业和农副食品加工业；而电气机械和器材制造业，计算机、通信和其他电子设备制造业，金属制品业，化学原料和化学制品制造业，皮革、皮毛、羽毛及其制品和制鞋业，文教、工美、体育和娱乐用品制造业以及其他制造业，都出现不同程度的下降（如图4.14所示）。五大行业中，电子设备和通信设备发展堪忧，与通用设备、汽车制造和农副食品加工相比，问题突出。

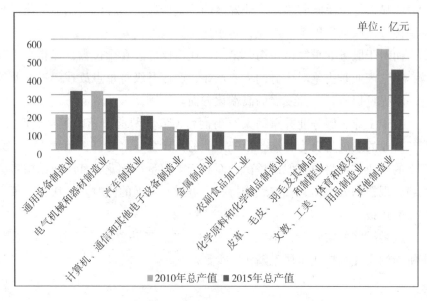

图4.14 番禺区规模以上工业企业总产值比较（2010年、2015年）

（二）番禺区规模以上工业企业主要产品及其变化

从 2010—2015 年，番禺区规模以上工业企业主要产品变化很大。2010 年的工业企业主要产品共 20 个，其中主要有服装、照相机、布、印染布、发电和天然皮革制手提包（袋）、背包等产品；到了 2015 年，它们已经不再是番禺区的主要工业产品，新增的 6 个主要工业产品是彩色电视机、锂离子电池、原电池及原电池组、自来水、变压器和家用电热烘烤器具等。

从具体产品看，工业产品产量也是有增有减。主要工业产品中，产量增加的仅有灯具及照明装置、饲料和合成洗涤剂（如图 4.15 所示）。

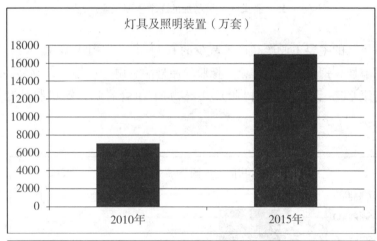

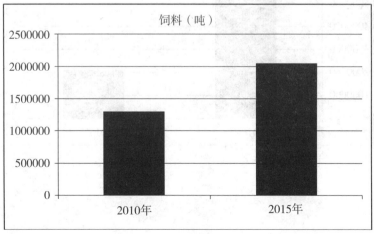

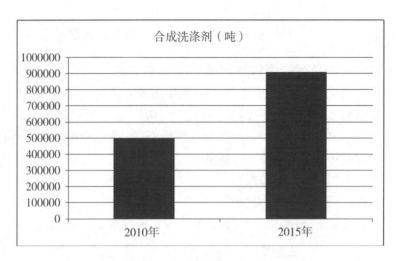

图 4.15　番禺区产量增加的 3 个主要工业产品

番禺区的主要工业产品产量减少的有 11 个（如图 4.16 所示）：房间空气调节器、钢材、皮革鞋靴、橡胶轮胎外胎、电力电缆、纸制品、摩托车、初级形态塑料（塑料树脂及共聚物）、组合音响、塑料制品和铜材（铜加工材）。

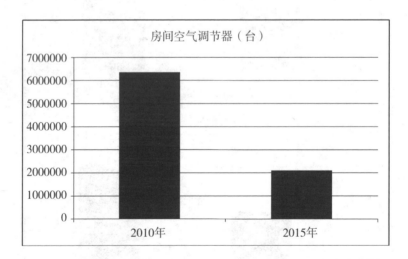

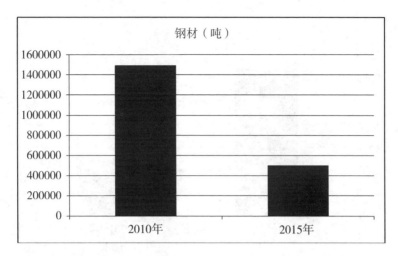

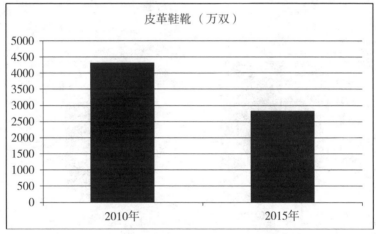

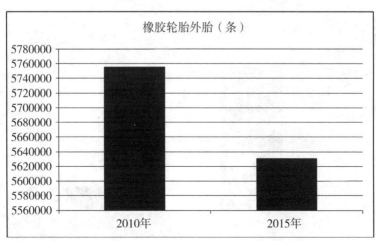

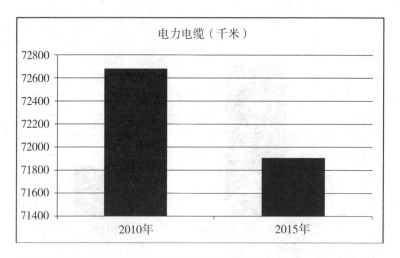

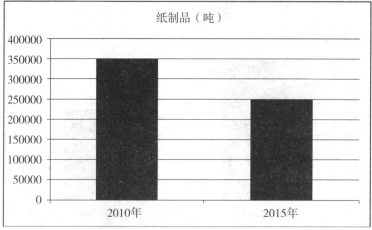

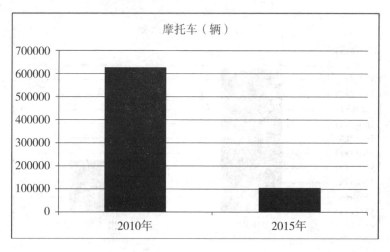

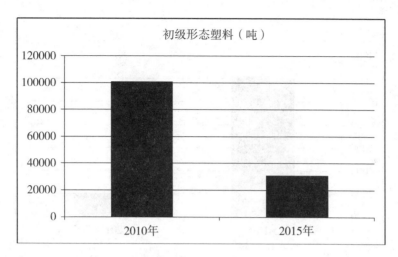

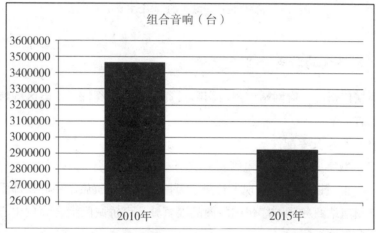

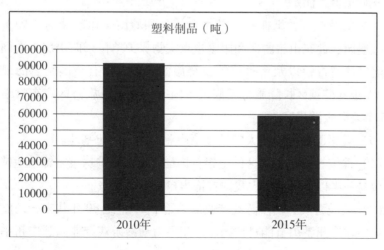

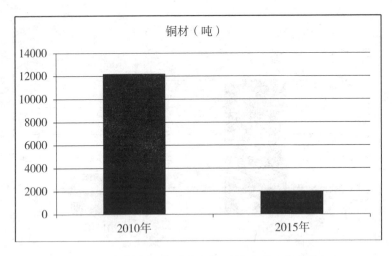

图 4.16 番禺区产量减少的 11 个主要工业产品

（三）番禺区的特色产业及优势

根据广州市政府网站广州市国际投资促进中心资料，番禺区的特色产业主要有 7 个。

（1）汽车及零配件。

（2）数字家庭与数字电视（灯光音响及演艺设备）。

（3）商贸服务业。出现了长隆、万博、汉溪商贸旅游中心，即番禺新城、广州南站商务区、广州国际商品展贸城、市桥城区综合商贸中心等四大服务业集聚组团。

（4）旅游业。番禺拥有独具水乡特色和岭南文化韵味的 AAAA 级旅游区宝墨园、莲花山旅游区和国家重点文物保护单位余荫山房、中国历史文化名镇沙湾古镇以及南粤苑等传统旅游景点，还有全国驰名的现代化 AAAAA 级旅游景区长隆旅游度假区、国家 AAAA 级旅游区广东科学中心等 15 个著名旅游景区。

（5）健康服务。广州大学城健康产业产学研孵化基地。

（6）珠宝首饰。番禺区的金银首饰加工量占香港珠宝首饰本地销售和转口贸易一半以上份额，占我国首饰出口总量的 25%。

（7）动漫游戏。动漫游戏产业最早始于 20 世纪 80 年代末，动漫游戏企业集中在广州番禺节能科技园、广州星力动漫游戏产业园、广州华创动漫产业园三大园区。

而依据番禺区招商网资料，番禺区列示的主导产业为6个。

（1）动漫游戏。广州华创动漫产业园位于番禺区石碁镇，总占地面积约1118亩，规划建筑面积160万平方米，已开发建成40万平方米，计划总投资80亿元。园区致力于打造融合生产制造、研发设计基地、创新孵化基地、企业总部基地、产品展示中心和生产性服务业为一体的高端制造产业新城。现已进驻各类动漫游戏企业600多家，被授予"广东动漫游戏游艺产业集群"称号。

（2）国家数字家庭应用示范产业基地。国家数字家庭应用示范产业基地位于广州大学城内，基地研发园总用地面积228亩。基地建成了创业大厦、研发大厦等，吸引了200多家芯片研发、系统集成、整机制造、软件开发、服务运营等五大类企业入驻，制定出行业标准47项，研发专利5000多项，开发了200多种产品，实现了从技术研发到应用推广的全方位联动发展。基地坚持走"产学研用一体化"道路，以市场和用户需求为导向，组建了广州星海通信息文化服务有限公司，实施"星海通"行动计划，打造具有"星海通"品牌效应的服务和产品体系。

（3）旅游业。长隆旅游度假区占地面积约459公顷，现有长隆酒店、野生动物园、欢乐世界、水上乐园、国际大马戏及鳄鱼公园六大板块，年客流量超过1600万人次，是广州著名的旅游度假名片。长隆旅游度假区将进一步升级改造，提升生态环境，引入文创产业，建设长隆文化特色小镇，并将其打造成为集旅游产业、文化演艺、休闲度假、商业居住于一体的世界级民族旅游品牌，预计年客流量将提升至3000万人次。

（4）汽车及零部件。广州传祺轿车生产研发基地规划用地面积约390公顷，由广州汽车集团投资建设，总投资68亿元。基地内由广汽研究院、整车生产基地和汽车配件生产基地三大部分组成，生产广州自主品牌传祺多款车型，将形成整车每年50万台、发动机20万台的产能。

（5）城市轨道装备（广州南车城市轨道车辆维修组装基地）。广州南车项目占地面积234067平方米（折合351亩），已建成总装厂房、后勤服务楼、综合楼和部件大修厂房等，总建筑面积约68000平方米，已于2011年7月建成投产。

（6）珠宝首饰。珠宝首饰是番禺区的传统特色产业。番禺区的金银珠宝首饰加工业联系着欧美、中东和中国等国家和地区的众多客户，产品主要经香港出口到世界各地。番禺区是世界重要的珠宝加工中心之一,多年来主要为发达的欧美主流珠宝市场设计、加工、镶嵌各类珠宝首饰,不仅在设计领域有所创新,而且在生产制造技术也花费相当大的研发精力。主要是以接单加工、来料加工的外向型企业居多,产品出口到欧美、中东、日本、东南亚等地区,设计风格更倾向于国际化,在创作上受国际大品牌或国际市场影响较深,自由发挥空间较大,将国际流行元素与商业因素很好地结合起来。

根据番禺区《2017 年政府工作报告》,截至 2016 年,番禺区以下一些产业发展具有一定优势和特色。

(1) 创新科技产业。思科(中国)创新科技有限公司注册落户,成功引入城云科技、先进数通等 10 家思科合作伙伴。思科(广州)智慧城建设加快推进,收储 3400 亩用地,项目一期用地征地拆迁工作基本完成。广州大学城、广州国际创新城起步区、番禺节能科技园、广州国际商品展贸城被成功纳入"珠三角国家自主创新示范区"。广州国际创新城入选首批省级"双创"示范基地,国家数字家庭应用示范产业基地、广州大学城健康产业产学研孵化基地获评全省十大创业孵化示范基地。284 家企业通过市科技创新"小巨人"企业专家评审,高新技术企业达 580 家,省级工程技术研发中心、科技企业孵化器分别增至 41 家和 16 家,大学城"两岸四地"大学生创客空间成为国家级众创空间。全区专利授权量、申请量分别位居全市第一和第二位。新增上市企业 4 家,"新三板"挂牌企业 25 家。

(2) 汽车产业。广汽乘用车第二生产线、广汽菲克新工厂、鞍钢汽车公司竣工投产,广州国际汽车零部件产业基地(番禺园区)成功落户。番禺汽车城形成 51 万辆整车产能,实现产值 397 亿元,其中广汽乘用车公司生产汽车 38.1 万辆、销售 37.1 万辆。

(3) 传统优势工业产业。日立电梯、珠江钢管、番禺电缆等骨干企业持续增资扩产,珠宝首饰、灯光音响、动漫游戏、红木家具等特色产业加快转型升级。

(4) 商贸旅游业。万博商务区核心区九大项目启动全球招商,津通华南现代服务业交易中心开业运营。开展创建"国家全域旅游示范区"工作,游客人数、旅游总收入分别增长 7.2% 和 12.8%。广东省珠宝玉石交易中心、广州钻石交易中心加快建设,永旺梦乐城等大型商贸综合体开业。2016 广州国际美食节和第三届番禺珠宝文化节入场人数分别达 100 万人次和 11.8 万人次。全年实现社会消费品零售总额 1143.04 亿元,增长 10.1%。

（5）金融业。相继引入溢思得瑞、广州亦联等 26 家创投基金,管理基金规模 51.32 亿元,万博基金小镇成为全省首个基金小镇。

（6）现代农业。现代蔬菜园区建成投产,13 家农业龙头企业销售收入达 283 亿元。

此外,番禺区也已拥有一批名牌产品。番禺区在 2011 年的换届政府工作报告中提出"加快培育先进制造业、现代服务业和重点工程领域的名牌产品""打造一批知名品牌"。在构建政府主导的品牌建设体系中,番禺区政府明确"树立一个标杆,带动一个行业,发展一个区域"的品牌建设理念,打造区域整体品牌。加大投入力度,实施品牌带动战略,使番禺区名牌产品数和驰（著）名商标数量一直居于全市各区首位。番禺区现有省名牌产品（工业类）46 个、中国驰名商标 20 件、省著名商标 42 件、市著名商标 73 件。省名牌产品数量连续 7 年、中国驰名商标连续 5 年居全市各区首位。其中,2015 年新增中国驰名商标 3 件,广东省著名商标 9 件,广东省名牌产品 8 件。

第三产业商旅结合,第二产业传统与创新并重,逐渐形成了产业发展的番禺优势和特色。番禺区在传统优势工业产业之外,创新科技、汽车制造、商贸旅游、金融业和现代农业正在形成新的产业发展热点和新的主导产业,这些产业涵盖了第一产业、第二产业和第三产业,尤其是第二产业中的创新科技、汽车制造和第三产业中的商贸旅游、金融显得热点纷呈,喜报频出。

第二节 番禺区产业升级路径研究

一、番禺区产业升级的现有路径

(一) 结构升级明显,"三产化"趋势不断强化,制造业仍很重要

从全区来看,自2000年撤市设区以来,番禺区产业结构向"三产为主,二产为辅"转型升级的态势十分明显,第三产业已经成为番禺区产业增长的主要引擎,也是番禺区实现经济增长的主要支撑和依靠。2000—2016年的17年里,番禺区第三产业比重上升了27个百分点,而第二产业比重却下降了20个百分点,一升一降,反映出番禺区工业的衰退和服务业的跃进。尽管如此,制造业在番禺区的创新发展和结构支撑中依然具有举足轻重的地位,制造业在番禺远没有到退出或淡出的地步,第二产业和第三产业并重,工业与服务业并举,是番禺结构升级的现实。

(二) 结构升级并不同步,各镇(街)互有侧重

"三产化"趋势虽然具有全局性,但表现在各镇(街)仍有差异,"三产化"趋势突出表现在城市化和都市化推进快、水平高的市桥街、洛浦街、小谷围街和桥南街,除了这4个镇(街)以三产为发展主力之外,其余各镇(街)对于第二产业甚至第一产业也都予以重视,所以制造业升级、农业升级,也是产业发展需要推进之处。

(三) 商旅经济和创新创业平台是番禺区产业升级的主要抓手

新时期以来,番禺区在结构化升级、重点发展三产的过程中,基本按照"一轴一中心"的战略布局推进商旅经济的发展。"一轴"是指位于番禺区北部呈东西走向的商旅服务发展轴,由西至东串联广州南站、番禺新城、广州国际商品展贸城等重要节点。"一中心"是指市桥城区多元化、多业态的综合商贸中心。市桥城区综合商贸中心拥有易发商业街、新大新百货、大润发等商业网点，形成了较成熟的商业服务体系；新出现的则有奥园广场、汇珑新天地、圣鑫商业广场和荔园新天地等。

在创新创业方面，主要依靠平台的建立、发展，形成聚变的核心。以广州国际创新城为龙头，以番禺节能科技园、国家数字家庭应用示范产业基地、清华科技园广州创新基地、华创动漫产业园、巨大创意产业园等九大科技园区为基础，构成番禺创新经济的"智核"，形成"一城多园"的创新经济快速发展的大格局。以广州国际创新城及九大科技园区为发展平台，番禺聚集了众多大中小科技型企业、科技服务型企业。如在广州国际创新城，有国家超级计算广州中心和广州国际科技合作交流中心等项目；在番禺节能科技园，成功培育了中海达卫星导航技术股份有限公司等4家上市公司；在海伦堡创意园、巨大创意产业园等聚集了百度（中国）广州分公司、中兴通讯等一批中国新一代信息技术企业。

（四）重大投资项目是番禺区产业升级的最重要突破口

根据番禺区的政府工作报告（2015年、2016年和2017年），重大投资项目对于番禺区的经济增长和产业跃进都起着关键作用。

2014年，番禺区在建投资项目589个，比2013年增加28个。全年累计完成投资超亿元项目90个，包括广明高速、广汽（20万辆/年）扩建工程、时代外滩、奥园城市天地、星河湾海怡半岛、番禺万达广场等。超亿元项目合计完成投资336.66亿元，占投资比重为67.04%。从三大产业来看，第二产业投资98.44亿元，增长37.5%；第三产业投资403.41亿元，增长10.8%。2014年全年房地产开发共完成投资243.61亿元，增长1.5%，占固定资产投资比重为48.5%；2014年，商业地产完成投资额68.23亿元，增长4.4%，占房地产投资28.0%，拉动房地产投资增长6.7个百分点。因此，重大投资项目是真正推动番禺产业发展和升级的关键角色和决定者，固定资产大项目在番禺区的投资、落地和产出，仍在有力地改变着番禺区的产业变化趋势，使番禺区产业结构的转型升级出现很大变数，高新技术投资项目如果难以匹敌房地产投资、扩产型投资和商业投资，番禺区的产业技术升级也就难以真正实现突破。

2015年，番禺区100个重点项目完成投资323.93亿元，增长18.0%。厚德科技孵化器、溢思得瑞国际创业苗圃等落户广州国际创新城，广东国际创客中心启动建设，吸引"欢聚时代"等优质企业入驻。全年共引进中国国际酒类商品交易中心、盛景网联华南总部、京东电商综合服务园等优质项目 17 个，总投资约 350 亿元。

2016 年，番禺区出台《加快总部经济发展五年行动计划（2016—2020 年）》，成功引进盛景网联华南总部、广州检验检测认证集团等总部型企业。引进宜家家居番禺商城、小米互联网广告、邢帅教育等 37 个重点项目，总投资超过 330 亿元。

二、番禺区产业升级路径的再思考

重视"三产"，尤其是重视商旅经济和房地产投资，对于进一步强化番禺区第三产业为主的结构，是适时应势之举，值得肯定；在推进商旅经济发展的同时，也能推进创新创业经济发展，无疑将有助于提升番禺区产业升级的品质，使番禺区产业升级不仅出现量的变化，也能出现质的变化。

在本书的导论部分，笔者对产业升级方式、路径进行了理论探讨。研究认为，从要素禀赋升级的机制和路径看，波特的"钻石模型"或"钻石体系"更易于指导要素禀赋升级的实践。要素禀赋升级主要就是各类生产要素的知识化、技术化和专门化，但要创造竞争优势，还必须有需求条件、竞争环境、相关支持产业、政府服务、机会把握能力等的方面升级，而要素禀赋升级的落脚点和实施者主要是一家家企业自身，政府主要就是服务、营造环境和提供辅助及支持等。对于三次产业结构比例的升级路径而言，主要有二：一是工业化路径，又区分为传统工业化路径和新型工业化路径。传统工业化路径强调机器生产代替手工生产，分工协作的公司生产代替全能工匠的手工作坊；新型工业化路径则强调智能制造（工业互联网）代替传统的非智能机器制造。二是制造业服务化路径，制造企业成为"制造+服务"的企业。对于嵌入现有全球价值链的代工企业或贴牌企业（加工贸易企业）而言，要沿着现有全球价值链，从组装、加工、制造等低附加值业务环节，移动到研发、设计、物流配送、营销和品牌管理等高附加值业务环节，势必与全球价值链的现有旗舰型企业出现冲突和竞争，因而难以顺利实施。代工和贴牌企业主动嵌入全球价值链，可以将本土的资源优势（如土地、劳动力、原有工业化基础等）与国际资本、海外市场、先进管理及技术、海外营销和国际品牌管理等链接，进而在协作分工中，通过干中学，逐渐增进相关知识、信息、技术和能力，实现对未能进入全球价值链的企业和产区的超越，踏上快速跟上全球化发展的轨道。

本书第二章通过对美国硅谷、新加坡和深圳等国家或地区典型的产业升级研究，也为思考番禺区产业升级提供了宝贵经验。

硅谷产业升级的经验在于：首先是政府对基础研究的投入、大学面向产业和市场的科研、科研成果的市场化机制和科技金融的主动支持，从而形成一个创新科技产业的发生、成长机制和创新科技产业的推进体系。其次是开放的结构和允许试错及宽容失败的创业文化。政府对新创企业、初创企业采取开放的支持态度，政府对于技术移民、投资移民等也采取开放的态度，社会对于不同人群及光怪陆离的价值观、生活方式等也采取开放、包容的态度，大学对于教职员工在职或离职创业、办公司、企业兼职等采取开放及鼓励甚至支持的态度，公司对于员工离职创业、办竞争公司和竞争性公司间员工的日常交流等也持开放态度，成功的公司、成功的创业人和以发现、挖掘初创企业、新创企业为己任的风险资本家等允许且宽容任何创业失败，等等。最后是充分相信市场。充分相信市场上新出现的还很弱小的新创企业和初创企业孕育着引领未来产业的巨大机会；充分相信市场会适应变化，也就是随着变化，市场会建立各种不同类型的企业以适应产业、技术和市场的种种变化，从而让创新创业的地方工业体系或网络持续更新和完善。

新加坡的产业升级主要经验：一是富有远见的、积极干预的、重商亲商的服务型政府是新加坡进行产业升级的核心、主导和关键；二是坚定不移地推进新加坡经济的全球化、外向化，主动、积极地融入全球产业链，努力成为全球性竞争产业的重要一环，是新加坡产业升级的主要抓手；三是适时规划、建设不同类型产业园区，是新加坡推进产业升级的主要载体和平台；四是正确的人力资源政策和对人力资源不遗余力的投入，是新加坡成功实现产业升级的根本和基石。

深圳的产业升级经验主要是：第一，深圳能够紧随技术、产业的生命周期和发展趋势，在关键的时间节点聚焦产业链的关键环节，实现优质资源优势配置。第二，注重创新的分类指导、分层推进，把传统优势产业、支柱产业、战略性新兴产业、未来产业进行合理区分，有序科学推进。第三，以政府权力的"减法"换来市场活力的"乘法"，通过简政放权，焕发市场的创新创业活力。第四，"四创联动"，形成创新创业生态圈。"四创联动"就是指"把创新环境、创业计划、创投资金和创客活动联合起来",并在最大程度上聚合资源,使其在链条中流动,让创新不再是"单打独斗",从而形成深圳的综合创新生态系统。

基于以上对于产业升级的理论和实践的总结与研究,可以很清楚地看出,番禺区目前的产业升级路径重在结构升级、投资项目升级和技术升级等方面,忽视了产业升级的金融路径、教育路径、集群发展路径和融合发展路径。

从美国硅谷、新加坡的产业升级和深圳高科技产业发展经验看,产业升级严重依赖金融路径、教育路径、集群发展路径和融合发展路径,缺少金融的滋润、培育,缺少教育的引导、创造力和创新精神,缺少各类行业企业和资源的地理集聚,缺少产业之间、产城之间的高度契合和融合发展,优势产业、创新科技产业、高科技产业难以开花、繁盛、结果。

三、番禺区产业升级的金融路径

(一)番禺区金融业发展现状及特点

从城乡居民储蓄存款余额看,番禺区占广州的比重,2010年是10.52%,2014年是10.31%;而从保费收入看,番禺区占广州的比重,2010年为4.11%,2015年为3.33%,这与番禺富甲一方的地位显然并不相称,金融业发展较为滞后,即使在传统金融业方面也没有能够形成一定优势。所以,番禺区金融缺的不是"财",缺的是"理财"。

番禺区的金融机构以银行业分支机构为主,新兴金融只有村镇银行1家、担保1家、小额信贷2家。所以,番禺区金融缺的主要不是"银",缺的是"新"。

番禺区金融业以传统金融服务机构为主,尤其是银行业,网点密布,覆盖全面。目前,列入番禺区金融统计的银行分支机构有24家,1家银行往往分为2家或3家。如广州农商银行分为3家:华南新城农商银行(主要服务于番禺北部区域)、番禺农商银行(主要服务于番禺南部)、南沙农商银行(主要服务于沙湾水道以南的区域),中国工商银行分为2家:华南工商银行(主要服务于番禺北部区域)、番禺工商银行(主要服务于番禺南部)等。

不过，番禺区的特色金融已在三个方面形成优势，且影响甚广。一是政府主导形成的新农合"番禺模式"，二是由民营的番禺节能科技园创新发展所形成的"三资融合模式"；三是"万博基金小镇"，产业发展基金不仅集聚一定规模，而且已经具备支持番禺产业发展的能力。

（1）新农合"番禺模式"（民生金融的创新模式）。番禺区是在2003年9月被广东省和广州市确定为建立新农合省级示范区，从2005年1月1日起，按照"政府主导、卫生部门监管、保险公司承办、信息化操作"的办法，全面实施区办区统筹的新农合制度。番禺区通过对早期工作经验或教训的总结，采取"政府支付管理费购买服务，区镇政府、村集体和个人每年筹集资金全部用作新农合补偿"的形式，经招标，委托中国人寿番禺分公司承办一些具体业务和事务，依托保险公司的专业技术、服务平台、服务人员和服务网络等，逐步建立起区、镇、村三级的新农合社会化服务体系。自2012年10月起，番禺区实施新农合大病报销的新政策，年报销额度最高达15万元，重大疾病二次报销最高额度也达15万元，第三次报销的额度最高达5万元，新农合全年可以报销的最高额度高达35万元[①]。

（2）番禺节能科技园创造的"三资融合"创新模式（即土地资本、金融资本、科技产业资本融合模式）。以广州中海达卫星导航技术有限公司（以下简称"中海达公司"）的"三资融合"模式为例，投资人的产业资本、番禺区政府的土地资本及融资平台结合在一起，融入项目建设的整体。因此，中海达公司得以从入园当年的5000万元人民币的总产值，到2011年就发展到将近4亿元人民币，成为番禺区第一家通过自身建设而实现资本市场上市的本地高新科技企业[②]。产业资本、土地资本、金融资本的三结合，对于番禺节能科技园的建设共同起着不可替代的作用。科技型企业被园区引进入园的时候，其融资期望和相关需求就一起打包推向市场，向银行等金融机构和风投企业招标，从而使入园后的科技型企业能够得到最合适的金融服务及产品。建设银行、招商银行、广州农商行、深圳创新投资集团、广州科信创投、广东省粤科风险投资集团、广东省科技风险投资集团以及一批提供贷款投资担保的机构，切实在为番禺区中小型民

---

① 参见广东省广州市番禺区人民政府《番禺模式：区办区统筹》，《中国金融》2011年第4期；李海琳《广东省政策性基本医疗保险业务经验推介——广州新型农村合作医疗保险（番禺模式）》，《时代金融》2014年第8期。

② 参见左朝胜《广东推广"三资融合"新模式》，《科技日报》2012年1月3日。

营科技企业提供服务，几乎形成一条特色金融街。园区除了传统的资产增值和租金收益以外，科技园区通过直接投资一些具有高成长性的科技企业，共同分享它们的成长收益，因而可以称为"准风险投资机构"。三资融合的模式，不仅有效缓解了番禺区的科技型中小企业的融资难、融资效率低等问题，还能借助于信息充分对称的新优势，引导并吸引专业的风投机构、担保机构、银行分支机构等金融资本介入进来，最终实现科技产业资本、地产资本和金融资本的互动和结合①。

此外，番禺区针对近年实际情况，已经着手推出一些具体实施计划，多管齐下加快金融业发展。

（1）加强区级金融服务体系建设。加快筹建融投资促进会，搭建融投资服务平台，促进中小企业与金融机构的对接；组织项目（企业）推介会、银企对接会，引导银行和担保机构加大对中小企业的贷款力度。大力推动信用体系建设，完善中小企业信用信息数据库，逐步统一工商、税务、银行等部门信用信息，实现互联共享。

（2）大力推动中小企业上市。完善企业上市培育数据库，落实好上市优惠政策，发挥区扶持企业上市专项资金作用，引导后备上市企业加快进程；建立上市企业绿色通道工作机制，做好重点上市企业的跟踪服务，梳理企业筹备上市过程中存在的困难，做好个性化服务；加强金融机构与上市后备企业的对接，鼓励银行开发和创新推动上市金融产品和服务。

（3）开设"金融服务集市"。着手引入有实力的律师事务所、会计师事务所、券商、投资基金等金融和中介机构，探索引入境内外基金和私募股权投资基金，完善金融服务上、中、下游链条。加快园区载体建设和招商引资力度，为金融服务机构来我区发展创造条件。

（4）明确基金产业"2211"的发展思路，即设立区创业投资引导基金及政府主权基金，成立广州番禺基金管理有限公司及广州番禺产业投资有限公司，在万博商务区建立一个基金大厦，最终将万博商务区打造成一个特色基金小镇。

（5）加强对小额贷款公司的监督和指导，引导小额贷款公司规范经营，逐步壮大资本实力，支持区域经济发展。加快落实番禺区新设小额贷款公司及新华村镇银行新设网点建设。

---

① 参见田川《民营科技园："三资融合"土地创新》，《民营经济报》2012年1月20日。

(6) 加强区金融管理机构建设，争取各级管理部门的支持，强化金融办的地位和作用。

（二）推动番禺区产业升级的金融路径思考

在"十一五"时期，中国经济已经从单纯、片面重视"引进来"的单一型国际化模式，正积极向"引进来"与"走出去"并重的有来有往的"双向"型国际化模式转型，并在此基础上开始加快推进人民币走向国际化的步伐。"十二五"时期，技术交流、资本流动、国际贸易、信息互动则在更高层次、更广阔的范围得以展开，从而产生更多的国际结算、国际汇兑、国际信贷、国际咨询、国际保险等国际化的金融服务需求，进一步深化我国金融对全球市场的开放。

欧美国家导致的全球性金融危机正加速世界发展格局的进一步调整和变革，世界经济和金融的发展呈现多中心化的明显趋势，亚太地区正逐步成为促进全球经济向前发展的重要力量，中国在世界金融和经济发展的格局中，地位日趋显要，香港、广州、北京、上海、深圳等国际化都市和国家中心城市的国际影响力持续发酵，进而不断加快和推进向世界城市和国际金融中心前进的建设步伐。番禺区正好处于穗深港金融廊道中心节点的黄金地理位置，珠三角和粤港澳的经济及金融一体化的不断发展，特别有利于番禺区通过金融合作的深化和推进，积极融入和参与到粤港澳全球化都市圈的建设及发展，充分挖掘粤港澳经济合作区域的无限发展空间及合作潜力，加强与东亚及东盟地区的国际化区域合作，巩固和提升粤港澳的国际金融聚集区黄金节点的地理区位优势。

2011 年 7 月 5 日，广州市正式发布了《关于加快建设广州区域金融中心的实施意见》（以下简称《意见》），提出要坚定不移地实施"金融强市"战略，把金融产业作为广州的战略性产业、先导性产业和现代服务业的龙头产业加快发展。《意见》还同时提出，要紧紧抓住未来 5～10 年广州金融业发展的重要机遇期，按照"现代化、多样化、差异化、国际化"的发展方针，积极探索金融发展方式转变的新途径、新举措，积极参与构建珠三角金融改革创新综合试验区，着力推进现代金融体系建设，努力提高金融创新和服务水平，为广州建设国家中心城市提供强有力的金融支持。

一般认为，广州区域金融中心由 4 个板块支撑，第一板块是地处越秀区的广州民间金融街,已经有数十家民间金融机构进驻;第二板块是地处天河区的广州国际金融城,也已经有几十家总部金融机构进入;第三板块是南沙新区(自贸区),主要发展离岸结算、融资租赁、海洋保险、期货交易、粤港澳金融合作等;第四板块是风险投资、创业投资,主要考虑在萝岗区的科学城。通过金融业发展,促进番禺产业升级,才能使番禺区成为"创新之区、创业之区和创富之区",番禺区的"智核"或"智慧之城"或"现代创新新城"等,才有实现的可能。

1. 番禺发展金融业的总体思路

(1) 改变一个观念。旧观念——构建番禺区中小微企业金融服务体系,形成为番禺产业发展提供有效服务的金融体系;新观念——将金融业发展成为番禺区战略性产业、先导性产业和现代服务业的龙头产业,形成有产业支撑和番禺特色的区域金融中心。

(2) 树立一个目标:将番禺区建设成为广州的金融强区,将番禺区建设成为广州区域金融中心的有机组成部分。

(3) 发展两个重点。一个重点是发展"涵盖珠三角、链接粤港澳"的"大金融产业",另一个重点是发展服务民生、科技产业、传统特色产业转型提升的"特色金融服务业"。

(4) 立足四大片区。广州南站片区——南广州金融总部区和金融后援基地;番禺新城片区——南广州财富管理中心和新兴金融服务业集聚区;大学城片区——广州金融教育中心和金融研发创新中心;市桥片区——番禺区特色金融服务中心。

2. 番禺金融业发展的具体思路

(1) 番禺北部加快发展"涵盖珠三角、链接粤港澳"的"大金融产业"。

打造广州区域金融中心,既要集聚金融机构、金融市场等金融产业发展的经营和管理要素,也要发展金融业必需的配套和支撑要素(如金融教育与培训、金融合作与交流、金融研发与创新等)。与其他城区比较,番禺在广州区域金融中心最大优势在于有大学城,且处在广州主城区与南沙的中间地带。所以,番禺区能够承担的广州区域金融中心的主体功能,不在于金融的经营和管理,甚至也不在于金融的后台,而在于金融教育和研发。番禺区金融的"一个主中心"策略,就是指要做广州区域金融的教育研发主中心。又由于番禺区处在紧靠主城区的广州南部和最接近珠江西岸城市的广州西部,所以番禺也有空间集聚金融产业发展的经营和管理要素,成为能够辐射珠江西岸城市的南广州金融中心,从而分流和补足广州主城区的一些金融功能。番禺区金融的"多个次中心"策略,就是要做"南广州"的金融总部集聚区、新兴金融服务业集聚区和金融后台服务集聚区,"次"的内涵是分流主城区金融中心的功能,弥补主城区金融中心的功能。具体来说:一是依托广州南站区域,通过建立广州南站金融总部区和广州南站金融后援基地这两个载体,促动金融业在广州南站的崛起。二是依托番禺新城区域,通过建立番禺新城金融商务区和番禺新城新兴金融服务业集聚区这两个载体,推进新兴金融业在广州南、番禺北的崛起。三是依托广州大学城和广州国际创新城,通过建立广州华南金融教育培训城和广州金融研发创新中心这两个载体,推进教育金融、研发金融在番禺的崛起,使番禺成为广州人才金融和智慧金融的主中心。

(2) 形成"1112"的大金融产业发展格局。"1112"的番禺大金融产业发展格局,是指1个广州金融教育研发主中心或南中国金融教育研发中心(大学城与广州国际创新城的连片发展区域,与广州主城区金融教育培训院所、机构和南沙教育国际合作试验区南北向连线发展),1个南广州金融后援基地(广州南站,与南海桂城广东金融高新技术服务区东西向连线发展),1个南广州财富管理中心(番禺新城,与珠江新城·员村金融商务区南北向连线发展),2个南广州金融总部区(广州南站和番禺新城,与珠江新城·员村金融商务区南北向连线发展)。

(3) 发展"大金融"的主要举措。

1) 打造高端金融区。以广州南站核心区与番禺新城核心区为双核心,以汉溪大道为中轴线,以金融资源高度集聚为特征,打造南广州高端金融区。建设适合金融业发展需要的专业化楼宇,为各种类型金融机构定制特色楼宇,为引进高端人才建设保障型生活设施。建设适合金融服务业人才宜居的生活环境。加强基础教育建设,发展优质中小学校和国际学校,提高医疗服务水平,改善和优化交通环境,提高城市绿化水平,完善国际化社区服务。出台有吸引力的适合金融资源高度集聚的配套政策,并建立相应的执行机构进行跟踪、落实。

2) 打造后台金融区。金融后台是与金融机构直接经营活动(即前台)相对分离,并为其提供服务与支撑的功能模块和部门,如数据中心、清算中心、银行卡中心、研发中心、呼叫中心、灾备中心等。后台金融区是金融后台业务进行独立运作和发展的金融服务区和后台服务机构聚集地。番禺需要因应广州主城区重点发展金融总部区和金融商务区的趋势，结合广州南站和番禺新城区域与广东金融高新技术服务区地理、交通毗连的区位特点，可在番禺高端金融区率先启动后台金融区建设，重点推进国内外各型金融机构后台业务机构的聚集。

3）打造新兴金融区。发展新兴金融业态，积极发展风险投资基金、股权投资基金和产业基金等资本投资类金融业态，积极发展金融租赁公司、汽车金融公司、消费金融公司等非银行类金融业态。发展新兴金融领域，积极发展科技银行，创新中小企业融资平台，大力发展科技金融、文化创意金融、能源金融、物流金融和绿色金融等新兴金融领域。发展新兴金融力量，聚集国有企业集团、民营企业集团总部派生的财务公司、保险公司、基金公司等新兴金融板块，发展第三方支付机构等新生金融力量。

4）建设南中国金融教育培训和研发创新的高地。依托广州大学城，谋划南中国金融教育培训和研发创新的高地建设，为珠三角、粤港澳提供强有力的金融人才教育和金融创新研发的支撑。集聚和发展一批高质量的金融研究机构、金融教育机构、金融培训机构、高科技金融公司等，为南中国金融业的大发展提供智力支持和服务。

5）搭建财富管理平台。聚集国内外财富管理机构，尤其是要加快珠三角和粤港澳财富管理机构在番禺金融核心区的聚集，大力发展银行理财、保险理财、信托理财、基金理财等业务，鼓励理财咨询、培训机构发展，举办南中国财富管理论坛，提高财富聚集能力和配置能力。

(4) 打造上市公司"番禺板块"。

1）积极培育上市后备资源。结合番禺优势企业和新型成长型企业特点，实行主攻中小板、抓牢创业板、兼顾主板的工作策略，力争每年都有3~5家企业成功上市。加大对已符合上市条件企业的推荐力度，努力扩大股市筹资总量，力争在5年时间内新增上市公司10~15家。

2）提高上市公司整体质量。引入战略投资者，优化公司股权结构，健全公司法人治理结构，完善激励约束机制。依法规范上市公司行为，完善独立董事制度；加强内控制度建设，建立均衡的制约机制；加强上市公司高级管理人员诚信教育；严格规范和约束控股股东行为，防止控股股东侵害上市公司或中小股东利益。

3）推动企业多渠道上市。立足国内证券市场，扩大直接融资比例，支持上市公司再融资；采取鼓励措施，开拓海外资本市场，推动企业海外上市。高度重视上市公司的可持续发展，积极推动上市公司优化重组、收购兼并。

（5）提升发展番禺民生金融。番禺区创造的民生金融新模式，目前主要是在新农合领域，结合政府和商业保险企业的双重优势，擦亮了番禺民生金融这块牌匾。但番禺民生金融特色要进一步提升、发展和强化，还需要有创新思维，在其他民生金融领域有所突破。

在番禺，目前银行业金融机构在民生金融领域办法还不多，与国内其他先行区域相比，甚至显得落后。从调研情况看，番禺金融机构针对民生金融的创新，总体仍显不足。番禺银行业金融机构对"三农"、中小微企业、融资弱势领域（就业、再就业、妇女、下岗失业、毕业生创业、失地农民等）的信贷支持，有效措施不多。尤其是对中小微企业的信贷支持方面，几乎家家银行都强调服务区域内的中小微企业财务报表的不规范或缺失，使得银行信贷支持无从着手。

番禺区应该确立自己的民生金融政策，推动相关金融机构设计创新相应的民生金融产品，明确不同民生金融产品的主办机构，通过政府和金融机构开创番禺民生金融的新局面。

政府目前可重点考虑的举措有：举办广州（番禺）民生金融论坛，开展广州（番禺）民生金融服务年活动，组织制订广州（番禺）民生金融发展方案，召开广州（番禺）民生金融产品推介会，加快番禺区中小微企业信用体系建设和信用户、信用村建设，出台广州（番禺）民生金融发展政策，等等。

（6）创新发展番禺科技产业金融。番禺区在科技产业金融方面，主要由节能科技园推动形成了土地资本、产业资本和金融资本交互发展的"三资融合"模式，但其效用也仅限于本园区。番禺科技产业金融的发扬光大，需要区政府通盘考虑，使其能够覆盖全番禺的园区和科技企业。

番禺区一方面要与广东省科技厅的"三台一会"和广州市的"科技金融综合服务平台"对接呼应，同时建立主要服务于番禺区的科技金融综合服务中心，然后再上升为广州市科技金融综合服务中心，使番禺区科技产业金融的创新发展落在实处。

广东省的"三台一会"是指工作平台、融资平台、担保平台和科技型中小企业信用促进会，其依托机构是广东省科技型中小企业投融资服务中心，重点是广东省科技厅与国家开发银行广东省分行开展合作，由国家开发银行给予科技企业提供信贷支持。

广州市科技金融综合服务平台集金融产品、中介、政策、信息服务、信用评价等综合性科技金融服务于一体，针对广州市科技型中小企业不同发展阶段（高新技术企业生命周期5个阶段是指种子阶段、起步阶段、成长阶段、扩张阶段和成熟阶段）的融资需求和融资条件，以政府资金为引导，发挥科技综合服务优势，整合银行、担保、保险和创投等资源，以为广州市科技型中小企业提供一站式、个性化的融资服务为基本目标，以实现政府、金融服务平台、金融机构和中小企业的"四位一体"，科技、金融两者资源共享为最终目标的综合性服务平台。

目前，在番禺天安节能科技园，广州已设立广东华南科技资本研究院，广东现代服务业交易中心也已落户番禺；广州市已在番禺成立全省首个科技支行（即中国银行番禺天安科技支行），打造面向科技型中小企业的专业银行。最新发布的《中共广州市委广州市人民政府关于推进科技创新工程的实施意见》进一步强调要"推广土地资本、金融资本、产业资本融合发展模式，推动大学科技园、民营科技园、专业镇发展壮大"；不仅如此，还强调要"完善科技金融服务平台，推动科技创新链条与金融创新链条的有机融合，形成多元化、多层次、多渠道的科技投融资体系"。2011年12月22日，由广东省科技厅、广州市科技和信息化局、番禺区政府三方共建的广州市番禺区科技金融促进会暨广东现代服务交易中心也在节能科技园挂牌成立[①]。

基于此，番禺区可以整合已有资源，正式挂牌成立广州市（番禺）科技金融综合服务中心，并由政府出资设立国有独资的广州市番禺区科技金融服务中心有限公司作为运营机构。作为为番禺区科技企业提供服务的公益性非营利机构，应由政府按建设需求划拨资金，用于场地建设及购买办公设施（电脑、通信器材、办公家具等），中心建成后由财政每年列支预算，用于日常运行费用支出。

[①] 参见段锄：《促进科技型中小企业发展的科技金融政策研究》，《合作经济与科技》2014年第7期。

四、番禺区产业升级的教育路径

产业发展和升级，仅靠资金投入、金融推进还不够，更需要本地产业所必需的教育与人才支撑，也就是产业升级的教育路径。不过，番禺区的教育发展现状还不具备促进和支撑番禺产业升级的能力。

（一）番禺区教育发展现状

番禺区的教育发展现状，目前主要是两块，一是基础教育，尤其是义务教育；二是小谷围岛的广州大学城及新造镇的广州大学城延伸区域，为省市高等教育院校提供了新校区小谷围岛面积17.9平方公里，小谷围岛南岸位于新造镇的广州大学城二期面积25.3平方公里，这里几乎囊括了广州市原老城区的最主要大学。

番禺区在基础教育，尤其是义务教育方面成绩突出。2002年，番禺区只有1个省教育强镇，公办学校中省、市一级学校只有11所。2005年，番禺区成为广东省第一个具有镇、村行政设置的广东省教育强区；2010年以来，番禺区在义务教育、学前教育、职业教育、社区教育、高中办学改革等方面都被定为广东省的试点区和试验区。2011年成为广东省推进教育现代化工作先进区，2013年成为全国社区教育实验区，2014年通过国家义务教育基本均衡区的督导验收，2015年成为全国数字化学习先行区，2016年评定为国家学前教育改革发展实验区。

基于大学城得天独厚的资源，番禺区委区政府提出，"十三五"期间，番禺将以广州大学城为"智核"，以地铁7号线、南大干线为纽带，串联广州国际创新城、万博商务区、广州南站商务区等重大功能区，打造连通珠三角东西岸城市带的创新走廊，辐射带动全区创新产业发展。国际创新城范围北至仑头水道，东南至金山大道、西至南沙港快速路，面积73平方公里。整个创新城包括北翼的生物岛，核心的大学城和南翼的南岸起步区、南村地区、化龙地区、国际展贸城，在空间结构上形成了"一核两翼"。目前，大学城已基本建成，生物岛正在启动建设，而南岸起步区发展相对滞后，仍保留较多村庄和工业用地。广州国际创新城已有12所高校落户，其中10所落户在大学城，2所（暨南大学、广州医科大学）落户在广州国际创新城南岸起步区（位于大学城南岸，横跨南村、新造、化龙3个镇,约10平方公里)。广州国际创新城南岸起步区规划定位为大学城延伸区、广州与高校协同创新示范基地、广州国际科技合作交流重要基地。目前,广州国际创新城南岸起步区已进入实质性项目招商阶段,已有国内外多家知名企业抢先进驻。

番禺区基础教育发展成绩突出,高等教育发展也是资源丰富、条件优越,但是与番禺区产业发展和升级所需的教育支撑和助力依然脱节,教育发展与产业发展没有能够形成合力。

(二)番禺产业升级的教育路径优化思路

教育对番禺产业升级的促进和支持,主要有两个途径。一是发展职业教育,为产业发展和升级提供优质的技术技能型人才。此类人才具有行业专业特性,需要职业化培养,是产业升级所必需的基础人才,需求量大,职业素养和职业能力要求高,不是一般的基础教育和普通高等教育所能满足的。二是深化与高校,尤其是与科研院所的合作,获得高校和科研院所的科研创新资源及人才的支持,推进适应本地产业升级所需的要素资源集聚和扩散,实现产业发展和升级所必需的技术、工艺、产品、市场、设计等的突破。

1. 建设职业教育城,提升职教集团水平和层次,适应和满足番禺区产业升级的迫切需要

番禺区发展先进农业、先进制造业和现代服务业,不是空泛的概念。番禺区的先进农业涉及种植业、畜牧业、渔业等,涉及番禺农副土特产业的升级转型。以水培蔬菜为例,它需要具有控温、调水、环保等先进设施,要有一个集生产、引种、生态、科研、科普教育、配送等一体化现代设施的系统,未经专门职业培训的员工,是很难适应先进农业对农业人才较高要求的。番禺区的先进制造业则涉及电梯及配件、汽车及零配件、灯光音响、电线电缆、输配电、动漫游戏机具、珠宝首饰等传统优势行业的转型、提高和升级,因此,番禺区先进制造业的崛起,依赖的不是普适教育提供的人才,而是适应番禺区制造业现状所需的人才,如电梯及配件人才、珠宝首饰人才、灯光音响人才等。

番禺区并不缺乏职业教育机构,但比较分散且缺少整合,如广州番禺职业技术学院、广州科技贸易职业学院、广东女子职业技术学院、广东文艺职业学院等高等专科学院,以及番禺区职业技术学校和分散在各镇

（街）的职业技术学校等中等职业学校。番禺区职业教育仍停留在传统的以专科学历、中专学历教育的层次和水平，与产业企业的对接、互动和融合较少，不能真正提升番禺产业发展的水平和层次。

基于职业教育对于番禺经济发展和产业升级的重要性，有必要考虑规划建设番禺职业教育城和番禺区职教集团，将分散的职业教育资源进行整合和重塑，做大做强做实番禺职业教育。番禺职业教育城可选址在新造（广州大学城所在地）、化龙（广汽集团所在地）和石楼片区，也可选择在历史文化古镇沙湾镇（广州番禺职业技术学院和珠宝产业园所在地）、沙头街（海伦堡创意产业园、大罗塘珠宝首饰集聚区所在地）和钟村街片区。番禺职业教育城将囊括高等职业教育和中等职业教育的各类资源，集中连片发展，形成资源共享的学习型职业教育园区。

2014年3月7日，由番禺区职业技术学校发起的番禺工贸职业教育集团正式成立。番禺工贸职业教育集团是非营利性组织，实行董事会负责制，下设秘书处、集团办公室等机构。集团现有成员单位104个，其中商会4个、行业协会1个、企业87家、学校及培训机构12个，横跨制造业、服务业、金融业等多个领域。经预备会议选举，职教集团董事长由区企业联合会、厂商会、中小企业协会会长、番禺电缆集团有限公司董事长王锦荣先生担任。集团秘书处设在番禺区职业技术学校内。

不过，按照教育部教职成〔2015〕4号文《教育部关于深入推进职业教育集团化办学的意见》（以下简称《意见》），番禺工贸职教集团距离这个要求还较远。正如该《意见》所言，开展集团化办学是深化产教融合、校企合作，激发职业教育办学活力，促进优质资源开放共享的重大举措；是提升治理能力，完善职业院校治理结构，健全政府职业教育科学决策机制的有效途径；是推进现代职业教育体系建设，系统培养技术技能人才，完善职业教育人才多样化成长渠道的重要载体；是服务经济发展方式转变，促进技术技能积累与创新，同步推进职业教育与经济社会发展的有力支撑。加快发展现代职业教育，要把深入推进集团化办学作为重要方向。《意见》要求，支持示范、骨干职业院校，围绕区域发展规划和产业结构特点，牵头组建面向区域主导产业、特色产业的区域型职业教育集团。支持行业部门、中央企业和行业龙头企业、职业院校，围绕行业人才需求，牵头组建行业型职业教育集团。支持地方之间、行业之间的合作，组建跨区域、跨行业的复合型职业教育集团。积极吸收科研院所和其他社会组织参与职业教育集团，不断增强职业教育集团的整体实力。

因此，番禺职业教育的集团化发展，应着力这几个方面：一是面向区域主导产业和特色产业组建不同的职教集团，如番禺现代农业职教集团、番禺旅游职教集团、番禺电梯产业职教集团、番禺汽车产业职教集团、番禺珠宝首饰产业职教集团、番禺商贸金融职教集团等。二是发挥国家示范院校的积极作用，加强与国家首批高职示范校、广州龙头高职院校即广州番禺职业技术学院合作，支持、推动其牵头组建区域型综合职教集团。深化、扩展其与番禺主导产业、特色产业合作，建立资源共享、优势互补的区域型综合职教集团。三是发挥行业龙头企业的作用，如长隆集团、珠江钢管、广日电梯、广汽集团等，支持、引导和推动其牵头组建行业型职教集团等。四是深化番禺工贸职教集团改革，加强其与高等职业院校及科研院所的合作，建立桥梁，建立多层次职业教育体系，不能局限于中职层次的职业教育，从而形成番禺职教集团化的主要载体和抓手。五是鼓励大学城高校和广州市中心区的科研院所，加入番禺的职教集团，强化校校合作、贯通培养，系统培养技术技能人才，广泛开展职业培训，促进人才成长"立交桥"建设。

2. 加强与广州大学城高校合作，共同培育番禺产业发展所需行业人才

广东重点高校云集于番禺区的广州大学城，优势资源近在咫尺，加强与广州大学城高校合作，条件得天独厚。广州大学城的高校，科研力量强，学术性人才资源丰富，但主要培养的是通用型学术人才，行业性、职业性特色不明显，人才培养与番禺产业实际基本脱节，缺少具有针对性的高层次人才培养。

校企合作、工学结合的人才培养方式，订单班、学徒制等人才培养模式在广州大学城基本欠缺。广州大学城高校应用型人才培养是其主要改革方向，即人才培养要与当地产业、企业发展需要对接，培养适用的行业人才。

番禺区除了吸引、激励大学城高校参与番禺职业教育集团化办学外，也应鼓励、支持和推动番禺区高职院校、中职学校、职教集团等主动寻求与大学城高校合作，形成更高层次的一体化贯通型的职业人才培养体系。此外，番禺区也应积极引导行业企业，尤其是行业龙头企业和行业骨干企业，加强与大学城高校合作，主动邀请，积极配合，推进大学城高校为本行业和本企业培养适用对口人才，进而强化大学城高校的人才培养和教育与番禺区经济、产业的紧密联系，为番禺区产业升级提供更高层次和水准的人力资源支持。

3. 营造创新环境、氛围和文化，使番禺区成为广州大学城科研成果产业化的孵化平台和基地

大学城不仅源源不断地提供大量高校毕业生，大学城高校也是广州新兴科技产业化的重要源头。大学城的种种创新要素和资源，需要一个产业化、市场化的承接地和孵化平台。番禺区不仅是大学城所在地，也有诸多自身的优势产业，更有迫切需要填补的支持科技产业进入、成长和繁荣的园区。创新资源和要素是流动的，番禺区只有营造好创新环境，形成创新氛围，建立自己的创新文化，这些创新资源和要素才会在番禺集聚、成型，并结成硕果。

五、番禺区产业升级的集群发展路径

集群化思路推进产业升级，首先强调产业链向高附加值的两端延伸，一端是向设计、研发环节延伸，另一端是向仓储、物流、营销、品牌延伸；其次是强调构建全产业链，充分发挥地理邻近效应，通过定向发展和招商、产业链发展和招商，强化产业本地配套、相互协作的优势，形成扎根在当地的产业集群核心竞争力。

番禺产业集群发展基础好，但主要在制造业，目前又开始崛起电商、基金等现代服务业集群。

（一）番禺区的主要产业集群

第一是珠宝产业集群，主要集中于沙湾镇和沙头街。番禺区是全国16家中国珠宝玉石首饰特色产业基地之一。番禺的宝石和珠宝行业形成于1986年，现在分别占香港和中国大陆珠宝综合年出口额的25%左右和全国珠宝年产量的60%。沙湾镇2011年获广东省科技厅正式批准成为广东省珠宝首饰技术创新专业镇，是番禺区首个省级技术创新专业镇。沙头街大罗塘首饰集聚区项目，2014年被列入广州市十大特色产业平台和广州市新型城市化发展100个重点项目。沙湾珠宝产业园区有近70家珠宝企业，配套了"一站式"高效政务服务窗口及各类公共服务平台、质量检测服务平台和物流交易平台，建立了国家级实验室，广州钻石交易中心和广东省珠宝玉石交易中心两大交易平台已正式落户。沙湾珠宝产业园于2002年10月1日奠基，2003年2月11日正式动工，是经政府有关部门批准成为番禺区企业发展境外黄金来料的加工区。2006年6月1日，沙湾珠宝产业园由钻汇珠宝采购中心收购合并之后，整个产业园的经营模式由原来单一的黄金来料加工区逐渐升级成为一个集珠宝生产、加工、贸易、物流、展览、旅游等为一体的珠宝园区。2015年，沙湾镇珠宝产业产值达14.6亿元。沙头街大罗塘地区集聚的珠宝首饰生产加工和销售经营企业、商户已超过2000家，从业人员5万多人。目前，在大罗塘从业的珠宝首饰设计师人数已超过1000人，具备中级首饰设计师资格的人数超过六成，全面涵盖创意设计、珠宝素描、3D设计及工艺美术等类型，设计师工作室或独立设计师团队超过100个。

第二是汽车产业集群，主要是在化龙的广汽基地。2015年广州传祺轿车生产研发基地已完成投资55.13亿元，同比增长204%；实现工业总产值190亿元（其中广汽乘用车项目为162亿元，零部件项目为28亿元），同比增长51.7%；创造税收18亿元（其中广汽乘用车项目为16.16亿元，零部件项目为1.84亿元），同比增长41%。一个千亿级汽车产业集群呼之欲出。总投资11.5亿元的鞍钢项目已进入建设尾声，2016年4月正式投产。广汽传祺零部件工业园内3个项目（广汽商贸钢材加工、再生资源、广汽获原项目）2016年上半年已投产。区内余下7个零部件项目即将进场建设。

第三是红木产业集群，主要是在石碁镇。从2008年开始，逐渐形成了市莲路石碁镇牌坊至石楼镇十字路口长达4.7公里路段的红木家具一条街，拥有永华家具、家宝红木、赤岗家具等一批知名红木品牌企业。尤其是自2014年6月番禺区石碁古典红木家具行业协会（会员有30多家，分布在石碁、石楼、化龙、南村、沙湾等镇）成立以来，企业数量以约50%的速度增长，产业集群势头明显。2015年，石碁红木协会在石碁镇镇政府的领导和区相关职能部门的支持下，积极打造红木文化特色小镇。石碁红木文化小镇以"打造生态：水乡田园＋产业：红木跨界＋文化：岭南新韵红木产业高地"为目标，将建设红木文化一条街、红木文化博物馆、红木文化公园等一批富有特色的建筑，打造集旅游观光、产品展销、产品服务为一体的红木文化特色小镇。

第四是电商产业集群，分布全区，形成"五园一镇一产业基地"集聚发展区。番禺区已形成拥有 2000 多家电商企业、近 5 万名从业人员、电子商务交易额超过 200 亿的"五园一镇一产业基地"集聚发展区（五园是指岭南电商园、友利电商园、淘商城、海伦堡创意园、五湖四海，一镇是指获评淘宝镇的南村镇；一产业基地是指：国际展贸城）。同时涌现出一批行业领先、发展迅速的电子商务企业，如百度（中国）广州分公司、欢聚时代、优蜜移动、新泛联、超琦贸易、米莱珠宝等。

第五是基金产业集群，主要集中在万博基金小镇。至 2015 年全区已成立创业股权投资基金 11 家，注册资本共计 92.3 亿元，管理基金规模共计 94.8 亿元，实现融资 24.5 亿元；近期拟成立创业股权投资基金 12 家，基金规模预计 14 亿～23 亿元。另外，在 2016 中国广州国际投资年会上，番禺区签约基金项目 17 个，预计总投资达 630 多亿元，占签约项目总投资的 87.9%。

（二）番禺区产业升级集群发展路径的优化

番禺的产业发展，既要转型，也要升级。转型，意味着一些产业可能弱化甚至退出，没有升级的机会，尤其是传统产业。传统优势产业如果处理不当或者升级失败，则会使番禺产业失血。所以，对番禺产业升级集群发展路径进行优化，十分必要。

1. 合理选择集群发展的番禺产业

正如前述，番禺区的产业结构升级，在大多数镇（街），制造业远没有到退出的时候，"退二进三"对于番禺区多数镇（街）是不应急于求成的。番禺发展产业集群的目的，应是在已有的优势产业基础上顺势而为，因势利导，支持、帮助其发展，而不是任其自生自灭，甚至主动促其搬迁、退出。番禺区一样需要严格贯彻落实广州市《关于推进市区产业"退二进三"工作的意见》和《关于调整市区"退二"企业名单的通知》，但另一方面，番禺区 2015 年出台的《广州市番禺区工业转型升级攻坚战三年行动实施方案（2015—2017 年）》，也明确提出了工业转型升级的总目标，即通过实施 3 年工业转型升级攻坚行动，进一步提升番禺区工业高端化、集约化、智能化、绿色化、网络化、服务化水平，不断提高工业综合实力、国际竞争力和可持续发展能力，加快构建高新技术产业引领、先进制造业支撑、服务型制造业协同发展的国内领先的现代工业体系，打造辐射、带动、引领珠三角制造业发展的全国先进制造业基地。由此可见,强化发展番禺制造业的优势地位,仍是番禺区政府的努力方向。

2. 用集群思维,做大做强做实番禺传统优势产业

番禺传统优势产业,主要在第一产业和制造业,如第一产业中的大米、蔬菜、花卉、水产、家禽、奶牛等。在制造业中,除了前述的珠宝、汽车、红木外,还有输配电、电线电缆、电梯及配件、灯光音响、洗染机械、服装、鞋等,都是番禺具有相当优势的产业,且集聚有相当数量的企业。按照集群思维,既要重视培育、扶持龙头企业和骨干企业,也要给予零配件配套企业、服务型相关企业(如设计、物流、仓储、企业管理咨询等)提供支持,切实支持传统优势产业的集群网络得以形成。

3. 扎堆不是集群,政府引导和政策支持,应落实在真正的产业集群上

番禺的住宅地产、商业地产、餐饮酒店、科技企业、教育培训机构、批发市场等,的确出现了在番禺聚集、扎堆的现象,但这些企业之间缺少协作、互补,更没有形成集群发展网络,因此,不应成为政府引导和政策支持的主要对象。番禺区对珠宝、汽车、红木的政府引导和政策支持,落实在了真正的产业集群,但不应局限于此,要重视前述番禺传统优势产业,引导其进一步集群化发展,并给予足够的针对性政策支持。

六、番禺区产业升级的融合发展路径

番禺区对于产业升级的融合发展思路,实际上散见于各个方面,只是缺少整理,还没有形成一个完整的产业升级的融合发展思维。

(一)番禺区产业发展的融合化趋势

产业升级的融合发展,主要涉及产业融合、产城融合等方面。番禺在产业融合方面实际上是有创新的,如番禺区早在 2011 年政府工作报告中回顾 2010 年政府工作时就已提到,实施先进制造业和现代服务业"双轮驱动"战略,推行"龙头企业 + 创新中心 + 产业园区 + 专业市场"的"四位一体"发展模式,加快发展汽车及配件、船舶及配套、数字家庭等主导产业,积极提升珠宝首饰、输配变电和灯光音响等传统优势产业,推动产业从劳动密集向科技创新、从分散向集聚、从高能耗向低能耗的优化升级,努力构建结构高端化、发展集聚化的现代产业体系。这种发展模

式,显然是打破制造业与服务业界限,实现产业的融合发展,既发展汽车配件、船舶、数字家庭、珠宝首饰、输配变电和灯光音响等制造业,也发展为其服务的创新中心、园区服务和专业市场等生产性服务业。番禺区在2014年经济社会发展情况及2015年展望中,更是积极号召,要大力发展与番禺区主导产业相融合的生产性服务业。2015年3月,番禺区政府印发的《番禺区关于大力推动电子商务发展的若干措施》中,则提出要"推动电子商务服务专业化发展。鼓励珠宝、动漫、美食、灯光音响、服装等传统优势行业开展电子商务业务"。推动番禺区互联网和传统优势产业融合发展,也已经成为番禺区落实在行动上的措施。

(二) 番禺区产业升级融合发展路径的优化

番禺区产业升级,既要重视产业融合发展思路,也要重视产城融合的发展思路。对于番禺,它不仅在加速城镇化,更在加速都市化和都会区中心化。番禺是广州都会区的重要组成部分,这将是番禺产业升级和产业发展的基础和载体,而都会区产业则将是番禺产业升级和发展的支撑及核心。都市农业、都市制造业、都市服务业是番禺产业升级的目标和努力方向。因此,如何实现产城融合,将是番禺今后产业升级的最主要课题。

1. 统一城市建设规划和产业规划,使之适应产城融合发展要求

番禺区目前的规划,城市建设规划和产业发展、升级的规划,是分别制定的,缺乏产城融合的顶层设计。科学制定番禺区产城融合规划,确定共同目标,协调城市建设和产业发展的行动,要突出强调新城建设、创新城建设、园区建设、美丽乡村建设、工业升级行动等的一致性、共同性和协同性。

2. 新城建设与新兴产业发展一并思考、统一规划,势在必行

番禺区的新兴产业通过项目建设、平台建设和"三旧改造"等,正不断引入,其发展也在加速中,并具有明显的集聚特征,这是番禺区产业发展的可喜现象。广州南站、国际创新城、广汽基地、番禺大道五星商旅带、万博商务园区、各类产业园区等的发展日新月异,但是石壁街、钟村街、沙头街、沙湾镇、化龙镇、石楼镇、大龙街等的都市化建设却显得滞后,产业建设与都市化发展之间如何协同共建,仍是有待解决的问题。番禺区有番禺新城、国际创新城、广州新城等都市化建设概念,在这些新城中,新兴产业的引入是产业升级的主要力量,将新城建设与新兴产业发展一并思考、统一规划，势在必行。

3. 按照"一二三"产业融合发展要求，打造全产业链，提升优势产业的附加值

番禺的产业优势，既有新兴产业的引进、培育优势，也有传统的农业、制造业优势。无论是新兴产业还是具有传统优势的农业、制造业，都应成为番禺今后产业升级的重点和抓手，从全产业链角度、产城融合角度将标准、设计和品牌作为提高番禺区新兴产业及传统优势产业附加值和不断提升番禺区城市质量的3张王牌。

第三节 优化番禺区产业升级路径政策的思考

番禺区对于产业升级提出了众多思路，也制定了相应政策，但要真正促成番禺区产业升级的"创新机制、创业机制和创富机制"的形成与落地，必须在既有产业升级路径方面有所进步和突破，要真正努力改进番禺区的产业升级政策，尤其是要重视金融路径、教育路径、集群发展路径和融合发展路径对于番禺区产业升级的重要意义。

一、结构升级政策需要转型，走"二三并进、融合发展"的新路

对于番禺区的结构升级，要因地制宜、因势利导，正确实施，不可一刀切。番禺区的结构升级，不能将重点放在"退二进三"，而是"二三并进、融合发展"。从番禺区实际看，番禺区仍是重要的制造业基地，现代服务业也主要服务于番禺区的制造业基础和制造业的未来，生产性服务业和服务型制造业是番禺在产业发展和升级中逐渐认识到的一个重要努力方向，即番禺区的二产、三产都需大力发展、推进，而且二产、三产要分工协作、互相促进、融合发展。因此，除市桥街、洛浦街、石壁街和小谷围街外，"二三并进、融合发展"的产业结构将是确保镇（街）经济和整个番禺区经济持续、稳定、健康发展的基石。

二、项目升级路径，相关政策需要重新审视，不可长期依赖

首先，通过重大投资项目的引进、落地和投产运营，的确可以在短时间迅速改进番禺区的产业结构，重大投资项目体量大，产业、产品、技术、业态等都很新，战略性产业、先进制造业和现代服务业，番禺区很大程度上是依靠这些新的投资项目才得以发展、增长。项目升级路径的最大问题是难以持续、无法长期依赖，因为新项目落地，是在土地资源（在番禺主要是"三旧改造"用地和控规未开发土地）相对充裕的前提下得以实施，一旦融到了土地资源的天花板，触到了土地资源的瓶颈，要依靠重大投资项目推进产业升级就会受到限制、变得困难。由于很多新增投资项目对土地资源的消耗，对于现存产业，即便是现有优势产业要升级发展、完善产业链条、提高产业融合度，却没有可资利用的土地资源。所以，靠新增投资项目进行产业升级的路径，只能在特定阶段使用，否则产业升级和经济增长就不可能由投资驱动真正向创新驱动转型。对于投资项目推动番禺产业升级路径，要事先做好退出的预案，真正从产业发展需要和产业发展规律出发，仔细深耕，做大做强做实番禺区已有基础和优势的产业，新增投资项目要有利于现有产业发展和升级，形成合力。

其次，在项目升级路径政策实施过程中，番禺区既要重视引进"体量大"的巨无霸项目，更要重视发展"创新强"的中小企业项目。番禺区在这些年的发展和产业变迁过程中，"巨无霸"项目确确实实改变了番禺经济和产业面貌，在加速向大都市都会区经济发展和转型，商旅经济和房地产，是这10年番禺经济的主要依靠，诸多政策也就围绕大项目在转，但番禺区的土地、生态等资源毕竟有限，靠大项目发展已经难以持续，必须改变。改变的方向只有一个，就是靠"大众创业、万众创新"。

三、技术升级路径，政策上仍需重视，但要有新思路

从技术发展模式看，番禺既要重视原创型创新，更要推动技术应用型创新。硅谷不可一日建成，硅谷模式也不可短时间复制，重要的是走差异化发展路径，大力推动用硅谷等的原创性技术对特定的行业进行创新和建立细分市场，将其应用于番禺区现有的传统产业、支柱产业和战略性新兴

产业等，在技术嫁接、市场嫁接等方面寻求"番禺突破"。

充分利用大学城的高校资源，使其成为番禺产业技术升级的主要支撑，也成为番禺技术创新的主要源头活水。番禺虽然高校云集，但高校与番禺优势产业之间的纽带并没有真正建立；番禺有大量居住人口，但番禺只是"睡城"，大学城对于番禺也只是承载更多学生的校区，对于番禺区产业的技术升级作用远没有得到发挥。大学城与大学城产业的融合发展，是番禺产业升级的机遇和优势。

提高番禺区优势制造业在全球价值链中的地位，需要通过加大对外投资，获取全球创新资源，支撑产业的长期发展和全球核心优势的形成。在国内很难获得的一些先进、高端技术，需要番禺区政府推动、引导、协助番禺龙头、骨干企业走出去投资，在技术先进国家建研究机构、研发中心等，提高番禺区龙头企业、骨干企业、创新企业等整合全球创新资源的能力。

适时转换产业政策为创新政策，围绕创新，进行政府引导和政策促进，尤其是要依托现有产业和产业链，引导和促进其向创新产业和创新产业链转型升级。产业升级实际上就是技术进步和创新技术的产业化发展，依托产业链建设创新链，借助于创新链的完善来优化和提升产业链。

四、金融升级路径，作用显著，需大力推动，加快发展

番禺区金融业在产业升级中的作用。一方面，金融业是番禺区现代服务业的重要组成部分，做大做强金融业，可促进番禺区的产业结构升级，也可以在广州金融中心的构建过程中奠定番禺的地位；另一方面，番禺区的创新产业推进、新兴产业及新兴产业园区的崛起、传统优势产业的集群化水平的提高和番禺产城融合发展的推进等，金融业能够提供的资金支持和服务支撑，最为关键。番禺制造业的创新升级和新兴产业的快速发展，使得金融在番禺形成了一定特色，如番禺的科技金融、基金小镇等特色金融业的崛起，就是证明。

番禺金融业发展有如下总体思路：

（1）改变一个观念。旧观念——构建番禺区中小微企业金融服务体系，形成为番禺产业发展提供有效服务的金融体系；新观念——将金融业发展成为番禺区战略性产业、先导性产业和现代服务业的龙头产业，形成

有产业支撑和番禺特色的区域金融中心。

(2) 树立一个目标。将番禺区建设成为广州金融的强区，成为广州区域金融中心的有机组成部分。

(3) 发展两个重点。是发展"涵盖珠三角、连接粤港澳"的"大金融产业"，二是发展服务民生、科技产业、传统特色产业转型提升的"特色金融服务业"。

(4) 立足四大片区。广州南站片区——南广州金融总部区和金融后援基地；番禺新城片区——南广州财富管理中心和新兴金融服务业集聚区；大学城片区——广州金融教育中心和金融研发创新中心；市桥片区——番禺区特色金融服务中心。

五、教育升级路径，基础好、资源优势明显，关键是要充分利用

如果说企业是产业升级的主体，教育就是产业升级的生命。产业升级所需的创新人才和高素质高技能员工，依赖于教育。基于此，我们建议：

1. 建设职业教育城，提升职教集团水平和层次，适应和满足番禺区产业升级的迫切需要

番禺职业教育的集团化发展，应着力这几个方面：一是面向区域主导产业和特色产业组建不同的职教集团，如番禺现代农业职教集团、番禺旅游职教集团、番禺电梯产业职教集团、番禺汽车产业职教集团、番禺珠宝首饰产业职教集团、番禺商贸金融职教集团等。二是发挥国家示范院校的积极作用，加强与国家首批高职示范校、广州龙头高职院校即广州番禺职业技术学院合作，支持、推动其牵头组建区域型综合职教集团，深化、扩展其与番禺主导产业、特色产业合作，建立资源共享、优势互补的区域型综合职教集团。三是发挥行业龙头企业的作用，如长隆集团、珠江钢管、广日电梯、广汽集团等，支持、引导和推动其牵头组建行业型职教集团等。四是深化番禺工贸职教集团改革，加强其与高等职业院校及科研院所的合作，建立多层次职业教育体系，不能局限于中职层次的职业教育，从而形成番禺职教集团化的主要载体和抓手。五是鼓励大学城高校和广州市中心区的科研院所，加入番禺的职教集团，强化校校合作、贯通培养，系统培养更高层次的高素质技术技能人才，广泛开展职业培训，促进人才成长"立交桥"建设。

2. 加强与广州大学城高校合作，共同培育番禺产业发展所需行业人才

番禺区除了吸引、激励大学城高校参与番禺职业教育集团化办学外，也应鼓励、支持和推动番禺区高职院校、中职学校、职教集团等主动寻求与大学城高校合作，形成更高层次的一体化贯通型的职业人才培养体系。此外，番禺区也应积极引导行业企业，尤其是行业龙头企业和行业骨干企业，加强与大学城高校合作，主动邀请，积极配合，推进大学城高校为本行业和本企业培养适用对口人才，进而强化大学城高校的人才培养和教育与番禺区经济、产业的紧密联系，为番禺区产业升级提供更高层次和水准的人力资源支持。

六、集群发展升级路径，必须围绕优势产业，做大做强做实

在番禺区公布的"十三五"规划中，关于产业集群，主要提到3个。一是占地73平方公里的广州国际创新城。"十三五"期间将以"互联网+"为主线，重点发展医药健康、物联网应用、电子商务、节能环保服务、设计服务、国际教育等特色产业，形成特色产业集群。二是占地面积4.33平方公里的现代产业基地。"十三五"期间重点发展汽车制造及零部件产业，打造集整车、发动机、零部件、研发、物流等于一体的世界级、千亿级汽车产业集群。预计2020年产值662亿元，比2015年新增464亿元。三是重点打造总部经济、平台经济、产业金融、科技服务业等四大生产性服务业集群。利用大型楼宇，大力引进大中型骨干企业区域型总部、功能型总部，打造总部经济集群。大力引进平台服务企业，加快IBM产业互联网创新中心、中国国际酒类商品交易中心、广东省珠宝玉石交易中心、广州钻石交易中心建设，打造平台经济集群，构建产业互联网生态圈。大力发展科技、文化、珠宝、汽车等金融和融资租赁服务，打造产业金融集群。大力培育和引进拥有知名品牌的科技服务机构和龙头企业，壮大科技服务市场主体，推动形成科技服务产业集群。从番禺区"十三五"规划纲要看，主要是希望形成新兴产业的聚集、扎堆，达到相当数量和规模，而不是形成产业升级和发展真正需要的创新网络和分工协作链条。这些有望形成相当规模的新兴的体量巨大的产业，无疑相当重要，但这并不是番禺所应侧重的产业集群。我们认为，扎堆企业之间如果缺少协作、互

补，没有形成集群发展网络，就不应成为政府引导和政策支持的主要对象。

根据番禺区"十三五"规划，传统制造业确定了一些重点，如灯光音响、珠宝首饰、金属制品（重点是卫浴和金属包装）、输配电及电池、服装服饰、家具制造、食品制造，先进制造业则重点发展汽车及零部件制造、通用设备（重点发展电梯及配件、机床、压缩机产业）、数字家庭、生物医药。番禺产业升级的集群发展路径，应该主要围绕这些已有一定基础、形成一定优势、创造很多品牌的传统优势产业，利用多年积累的经验、技艺、人力资源、市场、品牌、渠道、物流等，按照集群化发展思路，实现传统制造业和先进制造业的产业升级。通过围绕特定产业所需的资源（如土地、人才、资金、政策、产业服务、技术开发、国际合作渠道等）进一步集聚、夯实产业基础，创造产业链、价值链和创新链某一环节或某几个环节的全球化核心竞争力优势。

七、融合发展升级路径，重中之重，番禺区融入广州都会中心区的关键

番禺区已整体被纳入广州都会区，南沙区也被规划为广州城市副中心（南沙本身已是国家级新区和广东省自贸区），番禺区处在广州传统中心城区与南沙新区之间，番禺既要融入广州都会中心区，又必须呼应南沙新区的发展，空间融合的层次、深度都是空前未有。番禺是广州都会区的重要组成部分，这将是番禺产业升级和产业发展的基础和载体，而都会区产业则将是番禺产业升级和发展的支撑及核心。都市农业、都市制造业、都市服务业，是番禺产业升级的目标和努力方向。因此，如何实现产城融合，将是番禺今后产业升级的最主要课题。

对于番禺区产业升级的融合发展路径，番禺区"十三五"规划已经有所体现，"城乡一体协调发展，空间格局进一步优化，新型工业化、信息化、城镇化、农业现代化同步发展；以人为核心的新型城镇化加快推进，户籍人口数量达到88万，常住人口城镇化率进一步提高到85%；全区迈入城乡发展更加协调、城乡产业更加融合、城乡公共服务更加均等的新阶段。"但对于产业升级融合发展路径的重要性，仍显得不够。